本书由以下国家自然科学基金地区项目资助出版

企业师徒制对新生代员工适应性绩效的影响机制研究——基于资源保存理论视角（批准号：71862019）

国家自然科学基金重点项目——基于创新导向的中国企业人力资源管理模式研究（批准号：71832007）

师带徒——工匠精神的内涵与培育

曾 颢 著

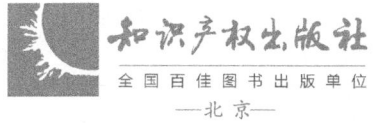

——北京——

图书在版编目（CIP）数据

师带徒：工匠精神的内涵与培育 / 曾颢著 . —北京：知识产权出版社，2020.12
ISBN 978-7-5130-7001-0

Ⅰ.①师… Ⅱ.①曾… Ⅲ.①企业—学徒—用工制度—研究—中国 Ⅳ.① F279.23

中国版本图书馆 CIP 数据核字（2020）第 099840 号

内容提要

"工匠精神"顺应了全球经济竞争趋势，是支撑"中国制造 2025"战略实施的核心价值导向。首先，本书从管理学社会结构化演进的视角，阐述了工匠精神的内涵。其次，基于多理论视角剖析了企业师徒制作用的过程机制，且指出未来研究方向；再次，从职业院校与企业两个主体中揭示了师徒制对工匠精神培养的意义和作用。从次，探讨了企业师徒制对徒弟的积极效应。最后，根据研究结论，从组织、导师、徒弟三个角度提出实施企业师徒制的具体建议，探讨如何培养学生和员工的工匠精神，形塑工匠文化。

责任编辑：李　娟　　　　　　责任印制：孙婷婷

师带徒——工匠精神的内涵与培育
SHIDAITU——GONGJIANG JINGSHEN DE NEIHAN YU PEIYU
曾　颢　著

出版发行：	知识产权出版社有限责任公司	网　　址：	http://www.ipph.cn	
电　　话：	010-82004826		http://www.laichushu.com	
社　　址：	北京市海淀区气象路 50 号院	邮　　编：	100081	
责编电话：	010-82000860 转 8363	责编邮箱：	laichushu@cnipr.com	
发行电话：	010-82000860 转 8101	发行传真：	010-82000893	
印　　刷：	北京中献拓方科技发展有限公司	经　　销：	各大网上书店、新华书店及相关专业书店	
开　　本：	787mm×1092mm　1/16	印　　张：	10.5	
版　　次：	2020 年 12 月第 1 版	印　　次：	2020 年 12 月第 1 次印刷	
字　　数：	160 千字	定　　价：	68.00 元	
ISBN 978-7-5130-7001-0				

出版权专有　侵权必究
如有印装质量问题，本社负责调换。

推荐序

发扬工匠精神,提倡"匠心回归",既顺应了全球经济发展趋势,也是支撑"中国制造2025"战略实施的核心价值导向。一方面,互联网、物联网技术推动了虚拟经济的蓬勃发展,但坚实的制造业、实体经济仍然是虚拟经济发展的基石,否则产业空心化就会愈演愈烈,经济社会发展将难以为继;另一方面,消费者需求向异质化、定制化转变,工业时代的规模经济已不能适应现代市场发展变化的要求。中国要参与世界市场竞争,改变全球产业链分工的中低端位势,实现"中国制造"向"中国创造""中国智造"的战略升级,培养一大批具有工匠精神的人才是关键,这就需要推进人才素质的提升和观念的转变,不断提高劳动者的综合素质和敬业精神,围绕"创新驱动"的生产逻辑加快培育工匠精神、弘扬工匠文化。培养"中国工匠"、打造"中国品牌"应拓展狭义工匠精神的范围与边界,探索建立当代工匠精神内涵与形塑机制,使工匠精神体现在所有劳动者身上,根植在国民经济发展的整体运行之中,渗透于每一个产业、行业、企业,促进中国经济质量提升与可持续发展。

师带徒——工匠精神的内涵与培育

然而，当代工匠精神核心内涵如何界定，工匠精神如何培育、塑造，特别是企业作为工匠精神的培育主体如何建构形塑机制，这些问题都亟待研究和解决。近些年来，我的博士研究生曾颢对这些问题进行了较为深入的思考，并著就了《师带徒——工匠精神的内涵与培育》一书，即将出版。

本书从管理学视角，首先厘清了工匠精神的内涵，并围绕师徒制建立培育个体工匠精神的逻辑框架，为企业发挥其作为工匠精神培育主体的功能和作用奠定理论基础；与此同时，本书还为工匠精神的形塑实践提供可操作化的路径，也可为师徒制的完善提供借鉴。

曾颢博士自攻读博士学位期间，就一直专注于企业师徒制和工匠精神的研究。本书通过扎实的理论分析、翔实的数据实证和案例探究，对师徒制和工匠精神进行了多视角的揭示。其主要内容包括：第一，从管理学社会结构化演进视角，阐述了工匠精神的内涵；第二，基于依恋理论、关系理论、社会影响理论等多理论视角剖析了中国企业师徒制的过程机制，并指出了未来研究方向；第三，围绕职业院校与企业两个主体中揭示了师徒制对工匠精神培养的意义和作用，并进行了案例分析；第四，实证探讨了企业师徒制对徒弟的积极效应。本书还基于自我决定理论视角，探讨指导关系对徒弟主动性行为的影响机制，并从领导力的角度探讨导师对徒弟的影响。在本书的最后，根据研究结论，从组织、导师、徒弟三个视角度提出了在中国实施企业师徒制的具体建议，以加快培养学生和员工的工匠精神，形塑工匠文化。

本书的创新点在于：第一，从管理学的视角，阐述工匠精神的内涵；第二，运用定性和定量研究，研究企业师徒制的作用和影响，特别是在工匠精神的培育方面提出了自己的见解；第三，从职业院校和企业两个主体着手，研究

推荐序

工匠精神的培育，提出可操作性的实例。

管理学大师德鲁克先生说："有效的管理源自尊重个人的个性、尊严。"在新时代背景下，培育工匠精神实质上即是尊重个体，激发员工在工作中的自主性。本书主要适用于人力资源管理的研究者和实践者阅读，也可供企业高管人员和职业技术学院的领导者进行参考。

受作者邀请，特作此序。

南京大学人文社科资深教授、商学院名誉院长、博士生导师

赵曙明 博士

2020 年 5 月 18 日于南京

目 录

第 1 章 引 言 ·· 1
    1.1 研究背景 ·· 1
    1.2 研究内容 ·· 2
    1.3 研究意义 ·· 4
    1.4 研究方法及技术路线 ·· 6

第 2 章 企业师徒制多理论视角研究 ·· 10
    2.1 社会学习理论视角 ··· 11
    2.2 社会认同理论视角 ··· 14
    2.3 社会交换理论视角 ··· 18
    2.4 社会资本理论视角 ··· 20
    2.5 文献评述与未来展望 ·· 23

第3章 工匠精神的内涵及形塑框架 ··········30
3.1 工匠精神的管理学内涵 ··········30
3.2 形塑工匠精神的理论分析 ··········33
3.3 形塑工匠精神的动态模型 ··········37

第4章 培养工匠精神的职业教育模式 ··········46
4.1 德胜—鲁班（休宁）木工学校简介 ··········47
4.2 德胜—鲁班（休宁）木工学校的办学模式分析 ··········50
4.3 企业举办职业培育工匠精神的优势 ··········55

第5章 构建工匠精神对话过程体系模型 ··········57
5.1 文献述评与理论框架 ··········59
5.2 研究设计 ··········63
5.3 案例与数据分析 ··········67
5.4 本章小结 ··········77

第6章 企业师徒制对新生代员工主动性行为的影响机制研究 ··········80
6.1 新生代员工的特点 ··········80
6.2 指导关系对员工主动性行为的影响 ··········82
6.3 服务型领导对员工主动变革行为的影响 ··········96
6.4 包容型领导对员工主动变革行为的影响 ··········111

第 7 章 培育工匠精神的实践与具体路径 124
7.1 政府层面 124
7.2 职业院校层面 129
7.3 企业层面 131

第 8 章 结 论 139
8.1 研究结论 140
8.2 未来研究展望 141

参考文献 146

附录

附录 1 德胜洋楼公司网站相关信息 154

附录 2 德胜洋楼公司大事件 155

第1章 引 言

1.1 研究背景

移动互联网兴起、大数据、物联网、信息技术发展、人工智能 AI 的出现，极大程度地改变了社会生产方式和发展观念，企业随之进入了一个以不稳定、不确定、复杂、模糊为特征的变革时代。当前，我国处于经济社会转型变革的关键时期，经济已由高速增长阶段转向高质量发展阶段。

2016 年，国务院总理李克强在《政府工作报告》中首次使用"工匠精神"一词，并提出"培育精益求精的工匠精神"的重大任务。2017 年，总理进一步强调"要大力弘扬工匠精神，厚植工匠文化，恪尽职业操守，崇尚精益求精，完善激励机制，培育众多'中国工匠'，打造更多享誉世界的'中国品牌'，推动中国经济发展进入质量时代"。

"工匠精神""匠心回归"顺应了全球经济竞争趋势，是支撑"中国制造

师带徒——工匠精神的内涵与培育

2025"战略实施的核心价值导向。一方面，互联网、物联网的蓬勃发展，坚实的制造业、实体经济作为虚拟经济发展的基石，为其提供了有力支撑，否则产业空心化愈演愈烈，经济社会发展将难以为继；另一方面，消费者需求向异质化、定制化转变，工业时代的规模经济已不能适应市场要求。中国要参与世界市场竞争，改变全球产业链分工的中低端位置，实现"中国制造"向"优质制造"战略升级，人才是关键。提高劳动者的综合素质，围绕"创新驱动"的生产逻辑，需要培育工匠精神、弘扬工匠文化。培养"中国工匠"、打造"中国品牌"应拓展狭义工匠精神的范围与边界，探索建立当代工匠精神内涵与形塑机制，使工匠精神体现在所有劳动者身上，根植在国民经济发展的整体运行之中，渗透于每一个产业、行业、企业，促进中国经济品质提升与可持续发展。

从国家到企业都迫切呼唤"工匠精神"，然而，当代"工匠精神"核心内涵何在，如何培育、塑造工匠精神，特别是企业作为培育主体其形塑机制及过程如何却鲜有研究深入揭示。这就要求从管理学视角，进一步厘清工匠精神内涵，并围绕师徒制建立培育个体工匠精神的逻辑框架，为企业发挥其培育主体的功能、作用奠定理论基础，与此同时，为"工匠精神"形塑实践提供可操作化路径，给师徒制的完善、发展以借鉴。

1.2 研究内容

本书将围绕工匠精神的内涵与培育展开，并依托企业师徒制这种广泛的人力资源管理制度，从多理论视角予以揭示。最后，总结出工匠精神的管理学内涵，并从师徒制的角度提炼企业可操作的样本与对策路径。本书由八章组成：第1章，引言。提出研究的背景与意义、研究的内容以及本书章节的安排、研究的方法及研究路线。第2章，企业师徒制多理论视角研究。以烙印理论为基础，揭示了企业师徒制中导师与员工互动的机制，指出了工匠精神传承的可能性。第3章，工匠精神的内涵及形塑框架。总结和分析前人已有研究，特别是经过近40年发展，企业师徒制现有的研究成果以及未来的研究展望。第4章，培养工匠精神的职业教育模式。从企业举办职业教育的角度探索工匠精神的培养方式，确立企业培养人才的主体地位，并将职业教育与企业培养实施无缝对接，积极探讨学徒制中师徒心理契约的建立。第5章，构建工匠精神对话过程体系模型。以德胜洋楼为例，构建了工匠精神对话体系的过程模型，其中修辞理论用于解释工匠文化的形塑与培育，具有一定创新性。第6章，企业师徒制对新生代员工主动性行为的影响机制研究。主要通过问卷调查方式，采集师徒配对的数据，验证企业师徒制对员工影响的有效性，特别是在主动性行为、主动变革方面的影响机制，多角度地揭示师徒制的作用和意义。第7章，培育工匠精神的实践与具体路径。根据研究结果，从组织、导师、员工三个角度提出在中国实施企业师徒制的具体建议，进一步培养学生和员工的工匠精神，形塑工匠文化。第8章，结论。总结上述研究的结论，并指明现有研究的不足，对未来研究做了展望。

　　本书主要的创新点：第一，从管理学的视角，结合社会结构化演进过程，阐述了工匠精神的内涵。第二，基于多理论视角剖析了企业师徒制发生作用的过程机制，并指出了以后的研究方向，如依恋理论、关系理论、社会影响理论等。第三,结合职业院校与企业两个主体揭示了师徒制对工匠精神培养的意义和作用。第四,探讨了企业师徒制对员工的积极效应。基于自我决定理论视角,探讨指导关系对员工主动性行为的影响机制,也从领导力的角度探讨导师对员工的影响。最后,根据研究结论,从组织、导师、员工三个角度提出在中国实施企业师徒制的具体建议,进一步培养学生和员工的工匠精神,形塑工匠文化(见表 1-1)。

表 1-1 本书内容章节安排及内容

章节	主要内容	可能的创新点
第 1 章	引言	
第 2 章	企业师徒制多理论视角研究	工匠精神的管理学内涵
第 3 章	工匠精神的内涵及形塑框架	企业师徒制中介机制理论分析的整合模型
第 4 章	培养工匠精神的职业教育模式	企业为主体的职业教育模式
第 5 章	构建工匠精神对话过程体系模型	对话理论和修辞理论视角
第 6 章	企业师徒制对新生代员工主动性行为的影响机制研究	自我决定理论视角
第 7 章	培育工匠精神的实践与具体路径	基于心理契约建立师徒关系
第 8 章	结论	

1.3 研究意义

本书以新生代群体为研究对象,旨在探索如何培养企业员工的工匠精神,塑造企业的工匠文化。笔者以组织结构化理论为基础,从管理学视角,阐述工匠精神的内涵,并从多理论视角总结了企业师徒制的研究成果。在理论上,

第1章 引言

本研究是对企业师徒制、工匠精神培育机制的深入描摹与揭示，也是对企业师徒制理论与工匠精神研究的完善与拓展；在实践上，可为企业实施师徒制进行人力资源开发和管理提供理论支撑，也为培育工匠精神策略和实践提供指导。具体而言，本研究的理论意义体现在以下两个方面。

第一，弥补工匠精神研究的不足。已有研究大多是立足于历史、政治、文化或艺术学学科领域诠释工匠精神，但管理学视角的内涵如何，尚未明晰。本研究基于组织社会化理论，探讨企业师徒制与工匠精神关系的中间机制，可揭示出工匠精神的产生过程，识别出前因、中介和调节机制，从而推动并拓展了工匠精神理论的发展。

第二，拓展了企业师徒制的理论研究。近40年的实证研究中，诸多学者探讨并验证了企业师徒制对员工、导师和组织的影响效应，多在社会学习、社会认同、社会认知、社会交换及社会网络等理论框架中进行阐发，然而有关师徒关系如何建立、如何推进、导师与员工互动机制等方面却鲜有涉及。本书以行为科学中的烙印理论（Imprinting Theory）作为理论视角（Marquis & Tilcsik，2013）对工匠精神的烙印过程进行描摹，并运用对话理论、修辞理论建立了工匠精神对话过程体系。

本书的实践价值如下：

第一，协助企业提升企业师徒制策略。本研究对指导关系与工匠精神的关系及机理的揭示，可以为企业实现人力资本提升、实施师徒制提供理论依据；并从导师领导力建设和员工个体层面的幸福感、组织认同感、自我效能感等角度，培育员工工匠精神，提升工匠文化氛围策略。

第二，为人力资源开发与管理提供新的启示。对新生代员工工作要求和工作资源的特征和匹配关系的分析,可为新生代员工的工作设计、配置、激励及开发等管理实践变革带来启示。

第三,帮助企业积极应对外部竞争并着力推动内部管理革新。工匠精神的培养不但使员工个体具备了应对组织内外部环境变化的能力,也有利于提高组织在不稳定、不确定、复杂、模糊的竞争中抵御风险的能力;不仅有利于企业师徒制实施方式、指导关系的构建及指导关系质量的探析,还有利于企业组织结构、领导方式的革新,推动企业在雇佣方式、管理形式、合作形态上的创新与探索。

1.4 研究方法及技术路线

1.4.1 研究方法

本研究拟采取定量与定性相结合、案例研究和实证检验相结合的方式,依托社会学、心理学、管理学等学科知识和理论体系,根据不同研究问题选择不同方法策略。

1.4.1.1 文献研究法

文献研究法是指根据一定的研究目的,围绕相关的研究主题,收集、整理中外文献,并对前人的研究成果进行分析、归纳、总结的研究方法。通过文献研究可以深入了解该领域的研究进展,与相关学者展开对话,也可以在一定的理论基础上找到现有研究的不足,推进下一步的理论研究和实证研究,找到创新点或是突破口。本书主要围绕核心变量工匠精神、企业师徒制进行文献的梳理和回顾。主要内容包括企业师徒制的定义、中介机制及结果效应等,并关注了中国情境下的指导关系特征,基于此,提出了未来企业师徒制的研究方向。

1.4.1.2 访谈法

访谈法是指围绕某个研究主题,访谈者与受访者进行面对面的对谈,以获取受访者行为和心理相关信息的研究方法。访谈法有利于直观地了解受访者,获得隐含信息,并可以就某个内容进行深入分析。本研究拟定了访谈提纲,主要对相关调研企业的师徒进行了一对一的半结构化访谈,深入了解指导关系的建立、指导关系的类型、互动的方式与过程/效果、指导具体内容等信息。

1.4.1.3 案例分析法

案例分析法是指研究者深入到一个或几个场所中,详尽地收集资料和信息,用以全面考察某一事物或现象的实际情况或发生过程的研究方法。案例研究方法主要回答"如何""为什么""怎样"的问题,深入描摹过程或生活中的现象,以建构相关理论。本书通过对德胜—休宁木工学校和德胜洋楼有限公司(二手数据)来挖掘企业举办职业教育、培养工匠精神的过程机制,从中归纳出导师对员工的烙印机制模型和工匠精神的形塑模型,深入刻写了师徒指导关系的互动过程,为后续的实证研究奠定基础。

1.4.1.4 问卷调查与统计检验的实证方法

问卷调查法是指以书面问卷的形式搜集数据和信息，研究人员通过网络、邮寄方式或者实地发放问卷，请相关人员作答，并回收进行统计、分析的研究方法。问卷调查法需要选择具有代表性的样本，增加外部效度，达到最大变异量。为了避免共同方法偏差，本研究获取数据时采用了导师—员工（或者上级—下级）的配对数据。此外，量表均使用了国内外正式发表的成熟量表，并使用验证性因子分析CFA，验证量表的信度和效度，并主要使用SPSS19.0和Mplus7统计软件对数据进行处理分析。

1.4.2 技术路线

本书沿基础研究→理论研究→案例与实证研究的主线展开，在实证研究阶段，又沿中介机制研究→调节机制研究的分析思路推进。

技术路线如图1-1所示。

第1章 引言

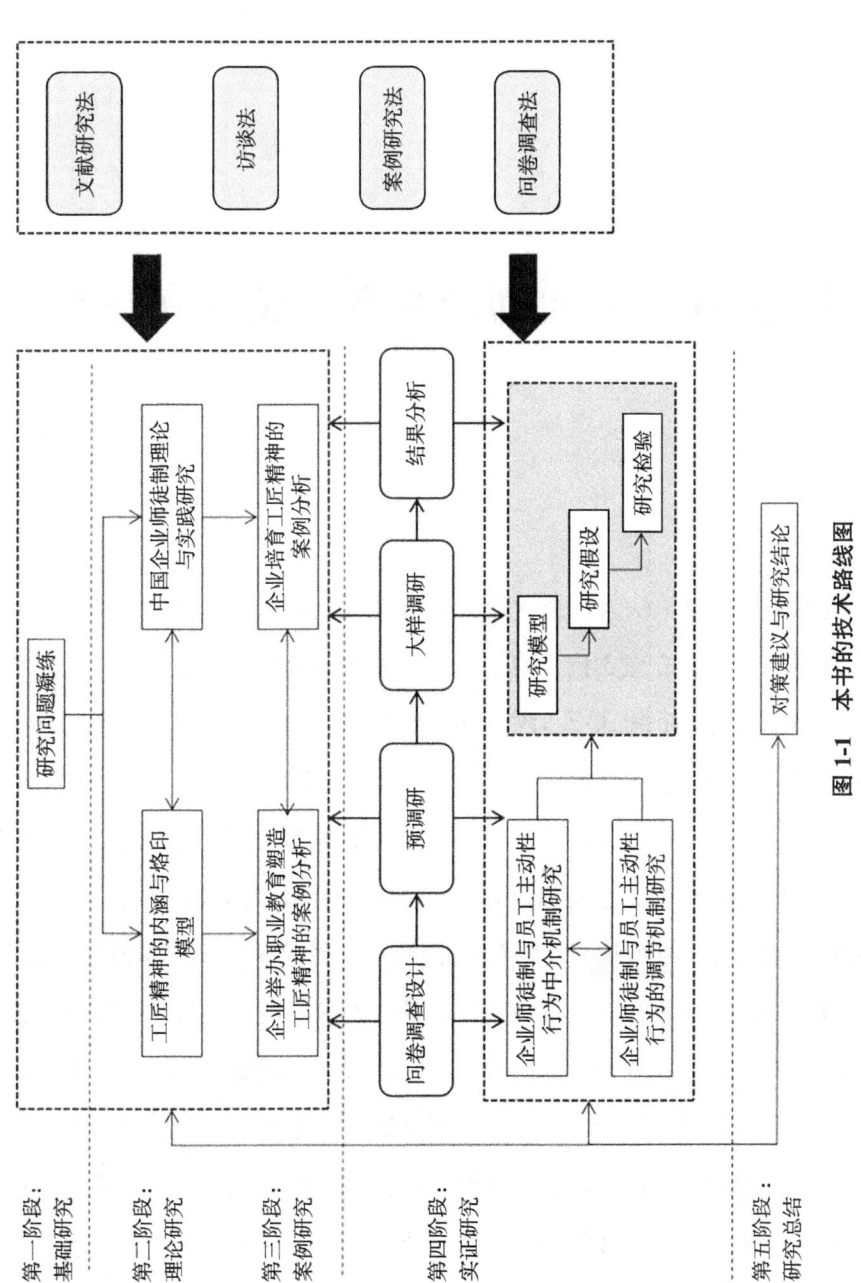

图 1-1 本书的技术路线图

第 2 章　企业师徒制多理论视角研究

克拉姆（1985）认为，企业师徒制是组织中资深者通过向资浅者提供职业生涯指导和社会心理支持，建立一种深入互动的师徒指导关系。它是借鉴了传统学徒制发展而来，是人力资源向人力资本提升的手段，是培养个人能力、在职培训、识别关键人才的运行机制。在共享经济背景下，"人力资本红利"逐渐显现，新生代员工成长需求激增，着力于培养人、塑造人的企业师徒制成为又一研究热点。加之"互联网+"、物联网的蓬勃发展带来的机遇与挑战，企业师徒制必将在组织和个人层面发挥前所未有的作用。具体体现在：第一，通过隐性知识转移、社会资本继承，促进个人学习与角色认同，提升员工绩效和心理安全水平，实现组织社会化，尤其对新生代员工的心理健康与适应能力具有积极影响；第二，帮助导师更新知识，提高领导与沟通能力，增加组织技能并获得成就感、经验与组织认同，进而扩展职业生涯；第三，实现组织目标离不开个人的成长与努力，企业师徒制有利于整合员工，形成和谐

第 2 章 企业师徒制多理论视角研究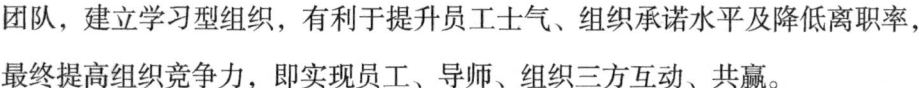

团队，建立学习型组织，有利于提升员工士气、组织承诺水平及降低离职率，最终提高组织竞争力，即实现员工、导师、组织三方互动、共赢。

相较国外，我国的企业师徒制研究起步较晚，且成果数量、质量与巨大的实践需求形成较大反差。笔者以"企业师徒制""企业导师制""企业师徒关系""指导关系""导师网络"等关键词在知网中搜索，截至 2018 年 11 月，CSSCI 期刊中有文章 60 篇、实证研究 20 余篇。虽众多学者已围绕企业师徒制展开研究，但其理论研究与企业实践还处于摸索阶段，其发挥作用的逻辑尚未形成系统的分析框架。因此，有必要综合多理论视角对其中介机制进行梳理、厘清，并通过揭示中介机制"黑箱"，为国内企业师徒制的理论和实践提供参考。本研究以企业师徒制为前因变量，以职业成功（Career Success）为个人层面的结果变量，以组织有效性（Organizational Effectiveness，OE）为组织层面的结果变量。其中，职业成功包括：主观职业成功（职业发展及现状的主观满意程度）及客观职业成功（晋升、薪酬水平提升）；而组织有效性，不但是个体行为和效能的集合，还根源于组织的学习即知识共享与创新，主要包括：员工离职率/留存率、组织氛围、组织承诺、知识创新与文化的传播等。

2.1 社会学习理论视角

班杜拉社会学习理论（Social Learning Theory）认为，人可以通过观察学习和模仿榜样，形成自己的行为方式。首先，从知识管理视角而言，社会学习主要依靠知识的转移与共享，以知识技能增长获取职业成功与发展。知识包括显性知识和隐性知识，以隐性知识为主。其次，班杜拉重视榜样的作用，强调建立工作自信，提出了自我效能理论。通过榜样示范作用建立积极反馈，促进职业成功。克拉姆（1980，1983）通过访谈将导师的作用概括为职业生涯发展与社会心理支持两个维度。张正堂（2008）进一步总结为，员工通过指导关系可获得技术与心理等方面的支持。

2.1.1　隐性知识转移与共享

蒂斯提出知识转移（传导）概念。企业师徒制中，通过知识的同化和积累，员工能获得导师知识的类似认知。研究内容包括以下方面。

首先，知识分类与知识共享的内涵。野中郁次郎依据能否被明晰表达和有效转移，将知识分为显性知识和隐性知识。韩翼等人（2013）认为，认知学习可增强员工的描述性知识、程序性知识、策略性知识或者默会知识。其中，前两种属于显性知识，后两者是隐性知识。接着，众多学者以 SECI 理论分析指出，企业师徒制共享行为的主要方式是"干中学""口手相传"，主要内容是工作中的"心智模式""诀窍""经验"等。

其次，隐性知识共享对个人、组织的影响研究。知识转移过程中，师徒间存在知识势差，企业师徒制知识共享可促成多方受益。具体包括：提升员工的综合素质，组织公民行为的形成；导师知识重构、能力提升、自我实现等；从群体/组织层面看，带来合作创新，形成集体认知；促进知识的创新与创造、提升绩效、传播组织文化等。研究还进一步指出，知识共享能够整合分散知识，提升知识探索和知识拓展相关的组织绩效，进而提高组织的创新性。

再次，构建师徒互动学习模型，并指明知识共享对职业成功、组织有效性的中介影响。韩翼等人（2016）将知识转移带来的员工改变作为企业师徒制对个体和组织影响的中介机制。作为企业人力资源培训方式之一，企业师徒制可以改变员工的学习模式，主要包括认知学习、技能学习和情感学习的改变等。关等人（2010）学者关注到师徒关系质量对导师职业成功、导师工作—家庭关系的影响以及工作—家庭的积极溢出效应等，并通过实证研究验证了学习（工作相关的）和个人技能提升的中介作用。结果显示，导师进行工作相关的学习显著降低了工作—家庭冲突，工作相关的学习与个人技能发展对工作—家庭丰富化具有促进作用。

最后，不能忽视知识共享中的障碍。近期，这一视角引起学术界关注。在知识传播和共享过程中，组织、导师、员工三方形成博弈关系，且存在着能力、经济、情感、环境四方面的障碍因素，导师可能不愿意分享知识，出现"留一手"或"知识共享敌意"的现象。这也从另一个侧面表明，企业师徒制通过知识共享对职业成功、组织有效性起作用，应充分发挥其积极效应，克服消极影响。

2.1.2 建立自我效能感

自我效能感（Self-Efficacy）是个体与环境作用时对预期结果的主观感受和信心。基于社会认知视角，诸多学者验证了员工的自我效能中介影响了企业师徒制与职业成功的关系，且员工感知的职业、心理支持以及指导过程中的互动与其自我效能感呈正相关。这是由于在师徒指导关系中,一方面,员工通过实践经验、替代性经验、接收言语的鼓励、身心状态的改善获得自我效能感;另一方面,导师通过言传身教,"心口相传"、建设性的关心与沟通增加员工工作中的把握感和自信心,从而获得更积极的自我评价和更高的满意度,实现职业成功。

由此可见,社会学习理论较为全面地阐释了企业师徒制与职业成功、组织有效性的作用机制。其中介因素包括以知识共享为核心的职业支持,以发展关系为核心的心理支持,以及社会认知中和自我效能感。但本研究视角多聚焦于员工的学习过程、认知改变和自我效能的建立与提升,对导师关注较少,是本理论视角的一大缺陷。

2.2 社会认同理论视角

虽然自我效能理论已对导师的榜样作用予以关注,但社会认同理论(Social Identity Theory)为进一步阐明企业师徒制的有效性提供了视角。在师徒制两维度功能的基础上,斯堪杜拉(1992)鉴别出第三个功能维度:角色模范(Role Model)。角色模范是指导师作为员工的行为榜样,其工作态度、工作方法与待人处事的方式都会深刻地影响员工,且关乎其未来发展。万博格等人(2003)也持同一观点,由此构建企业师徒制三维度说,即职业生涯发展、社会心理支持和角色模范。且企业师徒制主要通过自我认同、群体/组织认同与职业成功、组织有效性建立联系。

2.2.1 自我认同

麦考尔等人提出角色认同理论（Role Identity Theory），以"个体"为研究单位，指个体对自身所处某个社会位置的自我概念，并依据这种自我概念表现出一定的行为。角色认同一旦形成将对个人产生积极影响，如身心安全与健康，较高的工作满意度与绩效水平、职业生涯成功等；反之，则可能造成角色的压力和冲突，给个人成长带来负面影响。

2.2.1.1 角色定位

首先，导师的角色定位。克拉姆（1983）将导师分为9种角色（见表2-1）。其中，任务导向型角色直接指向工作行为，知识技能共享，促使员工成长；关系导向型角色能有效地提高员工的能力感、同一性和职业角色效能，并增强工作满意度与组织承诺，降低员工的离职倾向，从而有利于组织管理的连续性、提高组织绩效。可见，角色定位对个人、组织至关重要。

其次，角色定位对个人和组织作用重大，尤其是在特定时期。比如，在职业生涯早期，特别需要导师发挥角色模范功能，促成新员工由教育环境到职场角色的转换，尽快形成自我认同和组织认同。再如，企业经历重大变革后，组织结构调整、工作再设计可能带来技能转换与角色转换的压力，员工容易出现角色模糊、角色冲突以及角色超载等问题。通过建立指导关系，导师可以帮助员工进行自我调整，减轻角色和组织压力，应对冲突和变化。有研究指出，指导关系有助于减轻角色冲突的压力，减少员工工作—家庭冲突和家庭—工作冲突。

表 2-1　企业师徒制中导师的角色定位

分类	角色定位
以任务为导向	赞助（Sponsorship）
	展露（Exposure & Visibility）
	教导（Coaching）
	保护（Protection）
	挑战性工作（Challenging Assignments）
以关系为导向	角色榜样（Role Model）
	接纳和认可（Acceptance & Confirmation）
	咨询（Counseling）
	友谊（Friendship）

资料来源：根据克拉姆（1983）文献整理。

医疗管理领域，学者们关注了职业生涯早期、中期的医生学术角色转型的问题。研究还认为，同辈指导有利于形成和谐的组织学习氛围，改善医患关系，提高病人满意度，并提高组织绩效。此外，角色模范的积极影响并不局限于员工，还会反过来作用于导师，不断激励导师调节、发展，促进双方职业成功。

最后，尝试剖析角色认同和角色冲突的原因。研究认为，这取决于师徒二人的角色期望一致性。即如果导师行为和指导内容与员工预想一致，则对员工产生积极结果，员工更愿意与导师接触，形成角色认同；反之则可能增加角色压力或引发角色冲突。还有研究指出，在多导师的指导关系中，员工更容易出现职业倦怠或角色模糊，又进一步厘清了角色认同在企业师徒制中对个人职业成功的中介影响。

2.2.1.2 组织社会化

企业师徒制的组织社会化功能已引起学者们的广泛关注。这一问题的研究，为实现员工的职业成功开辟了新视角，为新生代员工的管理实践提供了思路。具体体现在：第一，导师帮助员工了解、适应组织规范、权力结构，特别是一些非正式组织，进而帮助员工加快组织社会化的进程，提高新员工的组织承诺水平，降低离职率；第二，员工通过知识学习，特别是职业、心理与角色模范的需要实现组织社会化，进而更好达成个人职业成功；第三，实证验证了指导功能（职业发展指导、社会心理指导）与员工组织社会化呈正相关关系。

此外，同辈指导能够促进员工的组织社会化。研究认为，同辈指导关系中，导师帮助员工组织定位，通过组织价值观与企业文化施加影响，提升员工的组织承诺，加快员工组织社会化。这类研究成果集中体现在教育、医疗领域。

2.2.2 群体/组织认同

阿什福斯和梅尔的组织认同（Organizational Identity）理论是指认同自己的组织成员身份、组织价值观且对组织有归属感。研究发现，组织认同的积极影响有：提高个人绩效、理解工作的意义、形成积极的工作态度、出现组织公民行为及降低组织离职率。

从组织认同视角看，多导师指导发展出的动态网络关系会对组织产生内外两方面影响。主要包括：内在方面形成凝聚力、学习型氛围，塑造领导力；外在方面建立高效团队、培育组织文化、实现组织目标和组织社会化等。陈诚等人（2015）也将研究的层面由个人上升为团队，研究多水平的指导行为对员工结果的影响，并明确将群体认同（Group Identity）作为中介变量之一，认为高群体认同感是一种强烈的群体归属感，认同其文化、价值观、信念等，与组织荣辱与共。已有不少研究显示群体认同与绩效正向关系显著，且高群体认同与自我概念相联系，形成一种积极的反馈，有益于员工建立自尊和自我效能。

总之，社会认同理论视角下，企业师徒制与职业成功、组织有效性的中介因素是角色模范功能。强调通过自我认同、群体/组织认同，减少角色压力和冲突。这部分研究相对较成熟，但随着传统二元师徒制不再适应新环境需求，导师在网络中的多重身份识别、角色定位与认同将是今后研究的热点与难点。

2.3 社会交换理论视角

霍曼斯认为，社会交换理论（Social Exchange Theory）运用经济学、社会学和心理学的理论从微观角度研究人类行为。劳勒和塞伊指出，由于各自占有资源的独特性和稀缺性，交换双方为了谋求自我利益而结成了一种互惠互利、相互依赖的关系。但某一方向另一方施惠时，存在极大的不可预知性，因此，交换关系存在风险和不确定性。基于社会交换理论，员工和导师通过知识、技能、情感、信息、关系等资源的交换，形成一种互动互利的关系，

第 2 章　企业师徒制多理论视角研究

进而使导师和员工都获得职业和心理上的满足。与聚焦社会学习、社会认同的内容不同，社会交换理论视角更关注成本—收益分析，关注指导关系的互惠与持续，分析视角更加深入、全面。

2.3.1　导师对员工的积极影响

恩塞尔等人（2001）认为，企业师徒制中的交换是一种沟通互动机制，既是一种物质交换也是一种心理交换，交流沟通的内容包括工作与非工作的内容。导师对员工的积极影响主要表现在：员工通过师徒网络关系来促进事业发展，建立个人信息系统，获得可靠信息、建议和心理报酬，提升自身专业能力等。综合佩恩和霍夫曼、菲尼和波兹曼（2008）、易贝、艾伦和霍夫曼（2013）研究指出，通过沟通员工从导师处得到建议和帮助，从社会资本的网络节点中获取信息和资源，进而对员工的工作绩效、工作满意度、组织承诺、心理成功、职业进步产生正向影响。兰考与斯堪杜拉（2002）、华勒斯（2001）还发现，若没有导师指导，就会造成员工程序公平感知水平较低。低程序公平感知不利于员工的成长与发展。此外，非正式指导关系中，交换关系对员工职业成功的中介作用同样存在。

2.3.2　员工对导师的积极影响

一直以来，学者们较关注导师对员工的影响，但雷金斯和科顿（1999）认为不能忽视员工对导师的积极作用。基于社会交换理论中的"互惠"原则，企业师徒制不仅有利于员工职业生涯开发，还是一种促进导师进取的双赢干预措施。员工对导师的积极作用归纳如下："教学相长"中，员工向导师输送新知和信息，督促导师提高技能、增强胜任力；协作过程及信息沟通有助于导师得到启发，克服职业瓶颈；员工职业成功会给导师带来成就感、荣誉感和组织的认可等。由此可见，师徒间的交换互惠关系明显，知识、信息、资源、关系、情感等交换能够促进师徒双方的职业成功与共赢。

此外，师徒间交换关系也存在弊端。因为除了广义互惠、平等互惠，还可能出现第三种互惠类型，即负互惠。如由于社会交换产生过分依赖，员工缺乏独立思考和解决问题的能力，阻碍员工长远发展；或者由于社会交换的不确定和风险，导师缺乏安全感，顾虑"教会员工，饿死师傅"，对知识和经验的传递有所保留等。以上情况使各种信息、资源无法发挥最大效用，给企业师徒制带来消极影响。

总之，在西方契约文明中，社会交换理论是师徒制最主流的研究视角之一。强调师徒在工作场合中的公平、等效互惠法则，但在中国情境下是否完全适用还值得探讨；且我国研究者目前主要从员工与导师微观层面考察，鲜有对团队、组织层面的思考，企业师徒制中员工—组织关系视角的理论与实证分析较少，有待于进一步考察。

2.4 社会资本理论视角

科尔曼认为，社会资本（Social Capital）是创造价值并促进个人行为的社会结果因素。当人与人关系的改变可以促进工具性行动时，就产生了社会资本。社会资本理论（Social Capital Theory）对人与人之间关系的解释不再局限于"对子关系"的交换，还扩展到多种结构和形式。由此可见，理论视角进一步延展，社会资本理论对职业成功、组织有效性的解释框架由线性结构向网络化方向发展。

社会资本理论的解释机制在于，师徒指导关系构建了互相联通的社交网络，形成了一种结构性社会资本。众学者对上述关系进行研究发现，无论是在正式指导关系中，还是在非正式指导关系中，导师都是员工重要的社会资本，是人际关系的重要来源之一。导师网络的社会资本与职业成功的关系研究，主要通过整合导师网络的结构特征和网络效益的社会资本，获得职业支持和心理支持进而影响职业成功（周小虎 等，2009），即遵循"网络结构→社会资源→职业支持→职业成功"的过程。国内外研究的分歧在于，不同文化情境下网络结构与网络效益的差异，以及无边界职业生涯赋予了个人职业成功以新内涵。

2.4.1 "弱关系""结构洞"与"社会资源说"

塞伯特等人（2001）运用了三种社会资本的理论：格兰诺维特的弱关系理论（Weak Tie Theory）、博特的结构洞理论（Structural Hole Theory）和林南的社会资源学说（Social Resource Theory）整合社会资本概念，结果变量方面既关注外在结果，又包括了主观满意度的内在效果，进而构建了职业成功的社会资本理论模型，将社会网络结构方面的研究与企业师徒制和职业成功结合起来。在三种社会资本理论中,弱关系理论与结构洞理论为网络结构变量,考察与其他职能部门的联系以及其他职能高层管理人员间的联系;社会资源学说将信息获取、资源获取渠道和职场庇护作为社会资源水平的衡量指标,即社会网络效益变量。实证研究还揭示了社会资本对职业成功的全中介作用,有助于深入解释社会资本对职业成功影响。从职业成功角度上讲,职场庇护是最重要的网络效应,但还需要进一步研究、论证。

2.4.2 "强关系"、社会资本的接触与动员

基于"弱关系"等三种社会资本理论的整合并不完全适用于中国"关系"社会。研究认为,基于中国组织情境,"强关系"(边燕杰,丘海雄,2000)较"弱关系"更具解释力度,研究者还关注了组织外的非正式社会资源,试图探讨社会资本的接触(网络结构与网络效益)和动员(职业支持)对员工职业成功的联合效应,并选取了网络规模与网络差异作为网络结构变量,关系人的权利/财富/声望作为社会资源水平变量,通过亲属关系职业支持、朋友关系职业支持、相识关系职业支持来影响职业成功。

简言之,社会资本理论的视角将企业师徒制的指导关系视为社会网络结构,且通过结构的强度、亲密度、互补程度、位置的不同等来影响社会资源获取,得到职业支持,进而影响职业成功。可一旦导师在组织中"失宠",员工的社会资本也会受损,可能产生不利影响(张正堂,2008)。与社会交换理论相比,这一视角更多的是研究导师对员工职业成功的影响,未重点关注师徒的交互作用,其关系机制的探讨也大多停留在个人层面。

第 2 章 企业师徒制多理论视角研究

2.5 文献评述与未来展望

经过梳理，国内外研究主要从社会学习、社会认同、社会交换、社会资本等理论视角进行探讨，试图通过明晰企业师徒制与个人职业成功、组织有效性关系的内在机制，改善关键因素，提高人才运行机制的效率（见表 2-2）。

表 2-2 企业师徒制的研究内容

前因变量	理论视角	中介变量	结果变量
企业师徒制 • 师徒指导关系	社会学习理论	知识（隐性）共享	职业成功 • 主观成功 • 客观成功 组织有效性 • 员工离职/留存 • 组织氛围 • 组织承诺 • 知识创新 • 文化的传播
		自我效能感	
	社会认同理论	角色定位	
		组织社会化	
		群体/组织认同	
	社会交换理论	互惠互利关系	
	社会资本理论	网络结构	
		社会资源	

从现有文献看，在企业师徒制中，探讨导师对员工的影响居多，研究员工对导师的作用偏少；剖析个体层面的机制较多，分析团队、组织的影响较少；以研究企业师徒制的积极效应为主以及消极效应关注不足，普遍缺乏中国情境下企业师徒制机理的全面、深入探讨。如今，共享经济浪潮席卷全球，组织变革、互联网革命兴起，新生代员工作为职场生力军，呈现出新的代际特征与需求，个体职业成功与组织有效性随之出现新内涵，师徒指导关系因此发生着深刻变化。由此，催生了新的研究问题和研究层面，亟须挖掘新的理

论视角进行阐发；再加之理论本身的演进发展，为进一步探求师徒关系、员工成长与组织效能的关系奠定基础。

2.5.1　企业师徒制的研究趋势

一是导师团队与导师网络研究。随着企业师徒制的发展，为了适应员工的多样化需求，导师网络发展将更为柔性和灵活。如组织"内""外"的导师网络，非正式指导与正式指导关系的交织，乃至于指导平台的搭建，都会极大丰富企业师徒制的研究内容，拓展"对子关系"的师徒关系研究。

二是个体至组织的跨层研究。已有研究较多停留在个人影响层面，但是网络化的导师关系，"多对多"指导关系可能会影响到团队的士气、团队的凝聚力、创造力等，其间存续的交换关系也会更加宽泛。就企业师徒制而言，如何构建一种员工—组织的互惠关系，其中介理论机制还有待进一步探究。

三是不同类型的指导关系研究。下一步研究要求把师徒指导关系细化、分类，再从理论和实践上加以验证。如在"人口红利"逐渐消失，组织扁平化、网络化的发展趋势下，同辈指导关系已逐渐成为重要的研究主题。另外，非正式的指导关系与正式指导关系同时存在时，如何设计一个机制使二者并行不悖、相互补充也值得进一步考察。

四是企业师徒制的动态研究。克拉姆（1983）和查奥等人（1992）将企业师徒制划分为四阶段：初始、培育、分离、重组。不同发展阶段是否有相应的师徒制模式？各阶段中师徒制的三大功能（职业生涯支持、社会心理支持、角色模范）是均匀发力，还是各有侧重，是否存在更好的匹配模式？以上都值得在中国企业情境中从不同理论视角进行思考。

2.5.2 企业师徒制中介机制研究展望

针对现有研究的不足，结合中国组织情境下企业师徒制的新发展、新需求，本书对企业师徒制的中介机制研究提出如下展望（见图2-1）。

2.5.2.1 已有视角的拓展

第一，领导—成员交换理论（Leader-member exchange，LMX）。相较于经济交换，师徒关系属于社会交换范畴。这是因为在师徒关系中，虽然施惠人期望从受惠人处得到回报，但并未有强制性的义务规定。随着雇佣契约关系以及组织结构的根本性变化，技术变革对个人职业生涯形式的影响，以及组织成员日趋多样化，师徒"对子关系"逐渐演变成"一对多""多对多"的动态网络关系，即员工在社会网络中拥有的多元导师关系。那么，囿于资源和时间的有限性，员工被划分为"圈内人"与"圈外人"，指导网络内部会出现LMX关系质量与性质的差异。可见，LMX理论为差序的亲疏关系及不同类型的师徒关系分析提供视角。此外，不能忽视指导网络的负面效应，比如没有导师指导或LMX质量较差的员工可能会产生不公平感知，进而出现反生产、离职等现象。

第二，"关系"理论。博兹万隆和王（2006）指出，师徒制本身符合中国儒家思想、集体主义和"关系"等价值观。中国学徒制历史悠久，传统艺术、技艺主要依靠师徒制得以继承发扬。"师徒如父子""一日为师，终身为父"正是传统师徒亲密关系的写照。由此可见，中国式"关系"与西方"人际关系"的互惠互利不尽相同，西方中介理论视角在中国情境下是否适用值得进一步探讨。朱苏丽等人（2015）也提出，中国的员工—组织关系是一种超越工具性的"类亲情交换关系"。根据黄光国的关系分类，师徒关系是一种既包含情感又有工具功能的混合型关系。师徒关系以嵌入为主又包含传承，其实质是一种"责任"，即导师对员工的整个职业生涯发展既有角色承担的责任又有类似亲缘的义务，这是中国差序格局里的特殊内涵。因此，导师注重隐性知识的传递、社会资本的继承，提供职业支持和社会心理支持和庇护。这是区别于西方情境的，中国组织情境下的切入点，有必要在今后的研究中深入探讨。

第三，认知性社会资本理论。社会资本理论的最新进展将社会资本划分为：以个人为中心的结构性社会资本与以社会为中心的认知性社会资本。如前所述，无论是西方的"弱"关系理论、结构洞理论、社会资源学说，还是中国的"强"关系理论都是从个体的角度探讨如何利用指导网络建立连接，并分析师徒网络的投资收益。这种社会资本主要是网络、机构及制度等客观的、外部的可观察的结构性资源，却忽略了以社会为中心的社会资本的作用与影响。认知性社会资本以社会为中心，主要包括信任、规范、价值观等，是主观、抽象的社会资本，它强调"公民参与"、表现出公共产品属性，超越了个体意义，有利于群体的合作，对经济繁荣与社会福祉具有促进作用。因此，将主客观的社会资本、静态动态的视角结合起来分析中介机理，更全面、更具解释力度。

第2章 企业师徒制多理论视角研究

2.5.2.2 新视角的探讨

第一，烙印理论（Imprinting Theory）。烙印理论是行为科学的研究成果，原指小动物一出生模仿第一眼所见物种的行为，后又扩展到组织管理、职业生涯管理等领域。国外众多研究已阐明导师在员工职业敏感期的关键作用，但国内鲜有该视角的深入分析及实证验证。从理论上分析，导师对员工的可烙印性，主要基于以下三个关键因素：①敏感期是产生烙印效应的前提。员工角色转换期，认知解冻，不确定性增加，更易受到导师的影响，接受组织的塑造。②环境的影响。通过师徒之间的互动，导师能将自身的隐性知识、价值观、行为态度、社会资本传导给员工，帮助员工实现组织社会化、增强适应力。③烙印具有持续性。马基和提尔赛克（2013）指出，员工的知识技能、特质一旦形成，即使环境发生变化，也不会轻易消退。这种烙印可能通过工作嵌入、路径依赖、制度化等机制对职业成功和组织有效性起作用。烙印效应为导师影响机制研究提供了又一视角，也为企业师徒制的产生、发展奠定了理论基础。

第二，情绪理论（Emotional Theory）。由于当今雇佣关系的深刻变化，新生代员工诉求日益多元，工作不仅是谋生的手段，还是追求幸福、自我实现的途径。组织要实现可持续发展，归根结底是要满足员工需求，追求人文福祉。因此，主观职业成功还应充分考虑主观幸福感（Subject Well-Being，SWB）这一关键变量。陈诚等人（2015）、毛等人（2016）、刘等人（2014）研究关注了工作—家庭冲突、工作—家庭丰富、工作—家庭促进。卡尔布莱什和戴维斯（1991）研究指出，师徒指导关系具有情绪支持

师带徒——工匠精神的内涵与培育

功能。弗雷德里克森（2001）的积极情绪扩展和建设理论（The Broaden-and-Build Theory of Positive Emotions）认为，积极情绪能够扩大认知范围、建设个体资源、促进组织效能。伴随积极心理学的发展，以积极情绪（Positive Emotion）为中介变量，研究如何实现员工和导师双方职业成功、获得幸福感，进而实现组织有效性。

第三，社会影响理论（Social Influence Theory，SIT）。该理论认为，不同社会情境影响下个人的动机和态度也会不同，最终的行为结果存在差异。该理论用于揭示态度、行为产生的前因变量。如前所述，个人态度和行为的改变，是企业师徒制与职业成功、实现组织有效性的中介因素。凯尔曼社会影响理论已表明，师徒关系中，地位差异、知识势差会带来社会压力，员工通过顺从、认同、内化这三种主观机制来改变自己的行为。在高威权文化的中国情境下，导师对员工的影响过程可能遵循服从—认同—内化的顺序演进，从而为企业师徒关系的动态发展提供理论基础。具体而言，在师徒关系初始阶段，员工可能由于社会压力首先服从导师，以得到赞许或避免惩罚；在培育阶段，通过认同导师来保持与导师、组织之间的积极关系；而一旦员工将导师的价值观、组织文化内化成自觉行为，完成员工组织社会化，就巩固了师徒关系，同时也对个人与组织产生较为积极的影响。其中，服从机制是强制性因素起作用，而认同与内化多出于自愿性的影响因素。且师徒关系发展可能停留在以上任一阶段，但不同影响机制的效果差异、具体动态演化过程还有待于进一步探究。

本章从企业师徒制的定义着手，系统而全面地回顾了企业师徒制的理论研究视角。以往的研究主要从社会学习理论、社会交换理论、社会认同理论、

第 2 章 企业师徒制多理论视角研究

社会资本理论等视角进行了研究，未来可以在已有视角上进行拓展，或者从情绪理论、烙印理论以及社会影响理论视角进行分析研究。

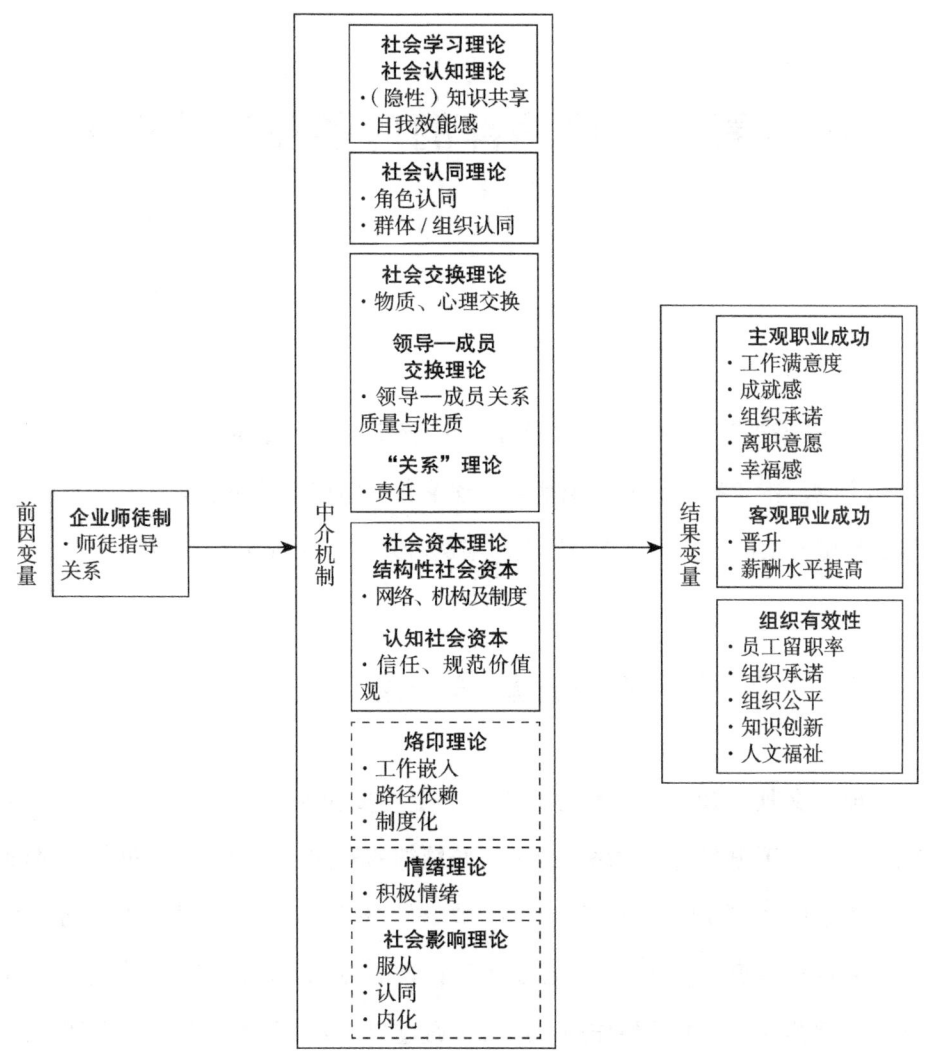

图 2-1　企业师徒制中介机制理论分析的整合模型

第 3 章 工匠精神的内涵及形塑框架

"工匠精神"古已有之,它凝结在手工劳动者之中,是手工业时代工匠制度的产物。本章将重点从组织社会化理论和烙印理论的角度对工匠精神的内涵和形塑框架进行分析,并为后文的案例研究和实证研究奠定基础。

3.1 工匠精神的管理学内涵

梳理文献可知,工匠精神的内涵界定主要包括三个方面:第一,以我国"工匠"历史演化为脉络,提炼工匠精神的精髓,指出工匠精神是通过师傅口传心授,"求知""造物",不断"切磋""琢磨",求精尚巧,以达到天人合一的过程与境界。该内涵突出了工匠精神的传承方式,明确了传统学徒制在工匠精神发展中的重要作用。第二,通过与西方工匠精神对比,辨明中国工匠精神的内核。综合柏拉图、亚里士多德、马丁·路德等学者的观点,西

第 3 章 工匠精神的内涵及形塑框架

方工匠精神的深层次动因在于："非利唯技"、对作品本身的热爱、对目的的追求，以及受到神的感召。第三，融合东西方对工匠精神的阐释，认为工匠精神是思想层面爱岗敬业、无私奉献；行为层面专注创新；目标层面精益求精、追求卓越。将工匠的范畴从手工业者扩展到各行各业的劳动者，认为具有创新精神去解决问题、并执着求真的人就是"工匠"，"工匠精神"就是一种愿意付诸努力"把事情做好的欲望"。然而，以上观点都是从教育学或意识形态领域对工匠精神进行阐述，缺乏管理学的理论考察与动因分析。在此，笔者尝试从组织结构化发展及劳动者的视角加以论述。

通过归纳分析可以看出（见表 3-1），随着市场、技术环境的发展以及组织结构形式的演进，传统的工匠精神孕育了新的时代内涵。具体来说，第一阶段，在有限需求和狭小的市场环境下，工匠精神萌芽，并以手工行会制度、传统学徒制为依托繁荣兴盛。人们以生存需求为导向，进行自给自足生产和有限交换，但工具简单落后，大多数是效率低下的小规模劳动，尚未形成社会性的组织结构。第二阶段，随着交通、通信便利程度增加，人类活动范围日益增大。物质普遍匮乏的市场中，同质化需求激增，进一步刺激生产向效率化、规模化发展。追逐利益驱动了生产工具的改进与革新，机器大生产替代了以往的手工作业，组织结构的协调机制改变了家庭作坊低效无序的劳动状况。一方面，职业化分工带来了人脑和人手的分离，大大提高了生产率；另一方面，人被工具化，成为机器的附庸。工作不再仅仅是谋生的手段，人们开始有了关系诉求，但关系需求、成长需求受到压抑。第三阶段，由于物质极大丰富化和生产效率显著提高，消费者同质化需求降低，敏捷制造、柔性生产悄然兴起，组织边界进一步被打破，"知识逻辑"与分配机制显现，人对于工作的需求更加多样化。

师带徒——工匠精神的内涵与培育

此时需要的"工匠精神",并不是传统手工业时代工匠精神的简单复刻,也不仅是对"社会人"的激励相容,而是冲破科层制对人的异化,充分尊重人的价值,实现人的全面发展与成长。从管理的职能上说,当代"工匠"将计划与操作统于一体,工具为人所用、为目标服务,进而实现自我主体的自我负责、自我管理和自我实现。因此,结合组织结构化理论与ERG(人本主义需要)理论分析认为,当代工匠精神的实质是人对工作的主导性,其内核包括爱岗敬业、专注、踏实的高度职业化认知与潜心钻研、精益求精的创新能力。

表3-1 组织形态变迁与工匠精神

时间	环境特点	组织结构	人的需求	人与工作的关系	工匠精神
16世纪前—18世纪中叶	封闭的自给自足经济;技术工具落后;手工业发展,行会制度产生,市场流动性差	家庭手工作坊或分散的手工工厂	以生存需求为主	工作是谋生的手段与必需;开始崇尚工具的使用和革新	传统工匠精神萌芽与兴盛
18世纪中叶—20世纪70年代	市场需求上升,机器应用日渐普遍,分工更注重专业化和职能化;同质化需求激增、流动性加大、机器大生产、规模生产	科层制	以生存需求为主、出现关系需求	以效率为驱动改进工具、发明创造、提高机器效率,人被动接受工作;人的异化程度加深,成为机器的附庸;与此同时,知识和技能附着于人身上,人开始出现主动适应、选择工作的需求	传统工匠精神衰弱
20世纪70年代以后	需求异质化、市场不确定性大、交通物流、通信技术发展,网络信息技术、精益生产、柔性制造,定制化服务	网络组织、虚拟组织、扁平化与无边界化等	生存需求、关系需求、成长需求	计划与操作的统一,研发、革新设备工具,促进生产,强调人对工作的主导	当代工匠精神的形塑与发展

3.2 形塑工匠精神的理论分析

在社会广泛需求和政府大力倡导下,培育工匠精神已成为人力资源管理的热点领域之一。已有研究指出,除坚实职业教育的重要基础性地位外,企业作为协同主体必须发挥不可或缺的作用。且承袭学徒制的传统,企业师徒制为培育、弘扬工匠精神提供了有效的制度依托。但目前工匠精神的研究尚处于起步阶段,鲜有以师徒制为切入点探索其培育机理机制的研究,且缺乏企业形塑工匠精神的理论支撑,由此,加大了企业实践的难度,有必要在本研究中进行深入探析。

3.2.1 烙印理论在组织领域的应用

脱胎于生物学的烙印理论,认为烙印效应,是敏感期内焦点主体为适应环境,培养出相应特征的过程,且该印记不会随环境改变而轻易消退。正如动物追随第一眼移动物体的倾向,斯汀康比将烙印理论运用于组织领域,以组织烙印视角解释了相同社会技术条件下的组织形式、结构雷同的现象。众多学者从宏观、中观、微观三个层面研究了组织烙印的作用,分析认为烙印理论包括三大关键要素:一是关键而短暂的敏感期。所谓敏感期,即指本阶段的个人、组织向环境开放,并表现出主动适应环境的特征。二是环境的烙印。创立者和管理者依据环境特征(经济、技术、制度背景、组织逻辑)选择组织结构、战略决策以应对不确定性和合法性的压力,个人根据环境变化形成新的认知模式、行为规范等。组织和个人的特征是敏感期各种环境的集中反映。

三是印记的持续。组织初创期的环境，个人早期职业生涯经历以及学徒期的同辈、导师、领导对组织、个人具有深远影响。组织惰性、制度化、路径依赖、缺乏竞争及绩效表现都可以作为解释机制。

烙印理论已成为解释多样化与同一性的重要视角，并在组织生态学、组织理论、网络分析和职业生涯等研究中得到广泛运用，理论层面主要包括组织集团、组织、组织内部单元和个体四个层次。这里重点关注个体层面印记的形成和变化，众多学者从外部环境、组织环境、导师三个层面进行考察。

3.2.1.1 组织外部环境、组织环境对个人的烙印

第一，组织外部环境对个人行为有长远影响。早期学者研究认为，环境是印记形成过程的推动者，是印记的源头。斯汀康比指出，组织结构是初创期外部环境的反映，尤其是创立时的技术条件。接下来，研究者识别出环境的多种烙印者，主要包括国家文化、产业行业、社会制度、经济条件、生态环境及创立期的经济市场情况等。近期，有研究开始具体揭示敏感期的经济环境如何影响个人技能或相关倾向的发展。例如，衰退期开始职业生涯的企业管理者普遍采取较保守的决策，如在企业金融决策如何使用杠杆、多样化发展、成本有效性、资本花费等。可能的解释机制是，衰退期管理者是在资源稀缺的环境下学习一系列技能和养成心智模式的，相对于繁荣环境而言，匮乏时期的资源很难获得。与之类似，个人职业生涯期的宏观环境会显著影响企业管理者今后几十年的投资意愿。

第二，组织环境对个人的烙印。一方面，内部经济环境影响个人职业生涯的技能发展。如在职业生涯早期公司内部存在较大金融风险，管理者会形

成以外部风险对抗内部风险的思维模式。员工敏感期组织内部繁荣程度，会影响成员今后的绩效水平。另一方面，组织制度环境，如组织规范、认知模式与组织文化也会对个人造成影响。组织文化和战略不仅会显著影响个人社会资本的水平和类型，还会影响员工的观点、信念和价值观。以上维度组成了职业印记，且当时组织文化越强，影响越深刻、持久。多科等人也强调了组织文化在培育职业印记中的作用，且指出印记跨越组织边界的强大作用和职业意义。希金斯和卡拉姆（2001）从另一侧面说明这一影响，他研究了美国保险公司员工的绩效模式，认为原有印记的认知和行为方式可能成为一种负担，一旦环境发生变化，将降低员工对新环境的适应力。

3.2.1.2 导师对个人的烙印

学术界关于敏感期内角色模范（导师、同伴、领导）对个人的社会影响研究较为丰富。麦克维利研究了纳什维尔的律师行业，发现如果年轻律师在职业学习期内得到导师点拨，将会尽快获取实践知识，实现职业成功，成为合伙人，并帮助组织成长。其他学者证明了早期的导师和同伴将长期影响个人职业相关的选择。阿祖莱等人认为，当个人与导师在某一维度上匹配时，可能会产生意料之外的社会影响。例如，博士后选择合作导师时主要考量学术兴趣与地理区域因素，而经过培训之后，导师对待专利的商业态度和行为会在学生身上形成印记。排除了社会分类的作用之后，由于博士后与导师互相依赖的层级关系，导师的专业的价值观、理念、态度和科学范式会传导给学生，导师对学生的烙印确实存在。安德鲁还研究了护士早期教育中的成败如何影响毕业以后的能力和品质。

3.2.2 形塑工匠精神与企业师徒制

分析表明，当代工匠精神是工作自主性的需要，是一种卓越的职业化认知与创新能力，也是一种社会价值观和组织文化在个人身上的烙印或体现。要使烙印效应充分发挥积极作用，增强个人的适应性和组织有效性，应以师徒制为基础，基于导师对员工的影响，对烙印目的、结果及过程进行设计与安排。卡拉姆和卡尔梅利（2010）提出，师徒制是组织中资深者（导师）向资浅者（员工）提供职业生涯指导和社会心理支持，从而建立一种深入互动的师徒指导关系。众多学者已从理论与实证研究中发现，师徒制对知识管理、职业成功、组织价值观传播、组织生产力提升等均有显著正向作用。其中，与烙印理论一致的解释机制是从社会认同角度予以分析。即当个人面临角色转换或缺乏角色定位时，企业通过建立导师与员工的指导关系，为员工树立角色模范，使导师工作态度、工作方法与待人处事的方式深刻地影响员工，进而完成个人角色认同，实现员工社会化。

基于烙印理论视角，企业师徒制形塑工匠精神的作用机制体现在：第一，处于"敏感期"的员工为培育工匠精神提供条件。如职业生涯初期或企业组织结构调整、工作再设计时期，员工容易出现角色模糊、角色冲突、角色超载等现象。这个阶段亟须各种环境的积极引导与支持，这是烙印机制发挥作用的前提，也是师徒制产生和发展的原因之一。第二，导师对员工的影响、员工向导师学习，是工匠精神产生、形塑的过程。以师徒制为基础，通过外部宏观环境、企业层面环境，以及个体对个体的影响、多层面交互，产生工匠精神的烙印。第三，印记具有持续性，是工匠精神得以继承发展的基础。

第3章 工匠精神的内涵及形塑框架

烙印一经塑成,即使组织环境发生变化,个人离开组织,凝结在个体身上工匠素养依然稳定,工匠精神内化为企业文化,形成全社会的核心价值观,有利于工匠精神的弘扬与传承,也有助于劳动者整体素质的提高。

综上分析,研究形塑工匠精神主要集中在个人层面,即环境特征如何对个人产生持续影响,形成个体印记。个人印记的汇聚会形成团队和组织层面的工匠文化,乃至国家层面的大国工匠精神。工匠精神与师徒制的联结点在于,师徒制为处于职业生涯早期(敏感期)的员工塑造工匠精神提供了制度基础。这一过程通过烙印效应的机理起作用,尤其是通过角色认同机制发挥导师的模范作用为导师对个人烙印提供支持。以上研究明确了工匠精神的可烙印性,为个人印记动态演进提供了理论框架,并为明晰形塑机制提供了又一理论视角。

3.3 形塑工匠精神的动态模型

厘清了当代工匠精神的管理学内涵,阐明了工匠精神的可烙印性,但如何利用企业师徒制形塑工匠精神,个人印记如何动态演进尚未明晰,还需进一步探讨。研究工匠精神的烙印,主要是探究当代工匠的职业化认知与创新能力在个体身上产生、形变和彰显的过程(见图3-1)。其中,烙印者和被烙印者作为互动主客体,经过烙印过程,印记动态演化,最终彰显出印记的积极影响。

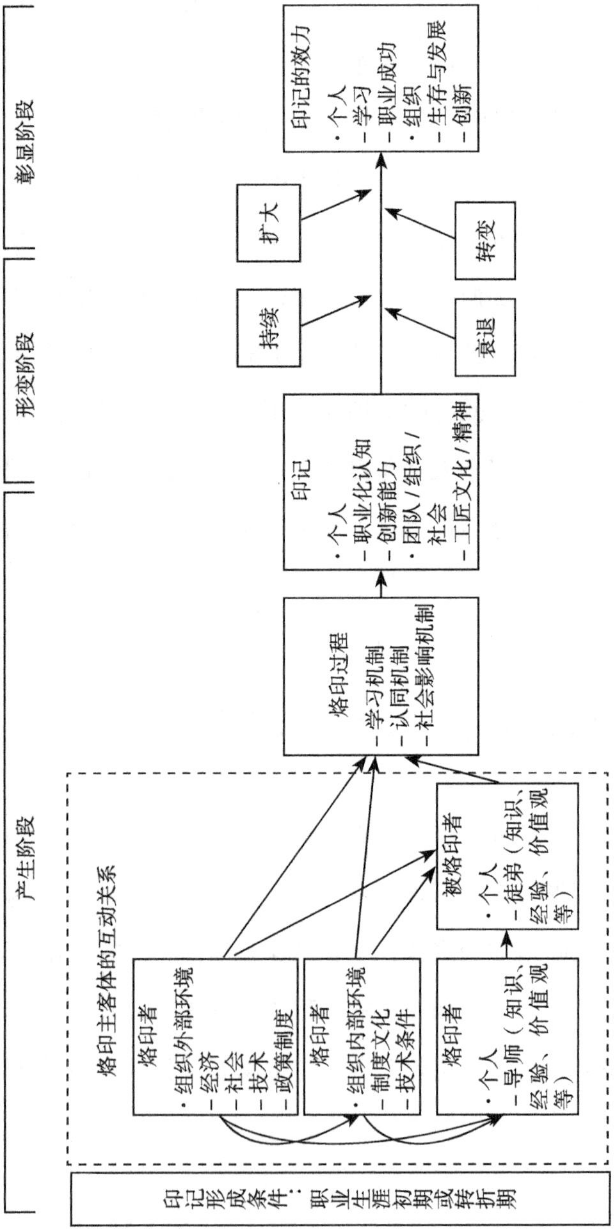

图 3-1 形塑工匠精神印记的动态模型

第3章 工匠精神的内涵及形塑框架

3.3.1 工匠精神的产生

工匠精神印记的产生是研究分析的核心部分。在一定条件下,烙印主体与客体互动,经由烙印过程形成印记。

3.3.1.1 烙印形成的前提

研究指出,人的一生存在多个职业"敏感期",如职业生涯的开端和职业生涯的重大转折期。马奎斯和蒂尔奇克(2013)认为,职业"敏感期"个人角色发生转换,不确定性激增,个体出现认知解冻,既有认知模式遭遇挑战,或由新的心智模式取代。转型中的人为了减少焦虑,转变身份、角色,主动与环境匹配,这也与成人发展理论一致。例如,职业生涯开端是个人从教育生涯向工作职场转变的重要阶段,是企业形塑工匠精神的关键时机,这个过程较为短暂,施以积极的引导往往事半功倍。非敏感期缺乏竞争,存在思维惯性,塑造印记的难度大、效果不佳。这也是企业为新进员工或职位变动的员工设计师徒制的原因所在。在这一过程中适时加入职业操守的培养、工匠精神的培育,实则是对烙印内容的设计和安排,使人的行为方式、心智模式、价值观符合组织需要和时代的要求,可行、必要且重要。

3.3.1.2 烙印者与被烙印者

烙印者即印记来源,是对个体施加影响的主体。如前所述,个人会受到各种经济、政治环境的影响。根据组织内外部的边界划分,可分为组织外部的社会经济政策环境与组织内部的业务技术及文化环境,从内容维度可以分为经济因素、制度因素、文化因素等,从影响层面可分为宏观、中观和微观环境。在工匠精神的塑造中,我国经济社会转型的内生性需求、政府自上而下的大力倡导以及职业教育发展为工匠精神的培育塑造创造了极为有利的经济条件与体制保障。转型期的政治制度、经济、社会和技术等一般环境持续变化,也给企业带来机遇与威胁。组织内部的技术进步、制度环境特别是对工匠的尊重,对工匠人才的激励举措以及工匠文化的宣传也对给被烙印者产生影响。师徒指导关系中导师的职业化认知和创新能力亦将给员工带来最直接、最深刻的烙印。

就理论角度而言,三个层面的环境也对应三个层面的被烙印者。宏观社会环境有利于国家层面的工匠精神产生,也势必对企业制度文化与组织结构产生跨层影响。组织工匠文化、大国工匠精神是个人职业素养和能力的汇聚、凝结,归根结底还在于个人工匠精神的培育与形塑。因此,本研究中重点关注个人印记,将被烙印者界定为个人,尤其是因角色转换处于敏感期的员工。

3.3.1.3 烙印过程与印记

针对当代工匠精神进行剖析,爱岗敬业、专注、踏实的职业认知是工作态度、价值观的体现;精益求精、潜心钻研的创新能力,是以基础知识技能为立足点,不断精进、拓展、适应新需求的能力。培育工匠精神,实质是在组织内外部环境的影响下,导师的内在特质向员工传导、内化的过程。被烙印者选择性吸收烙印者的特质、行为、认知框架,同时反映出烙印者特征。

回顾以往文献,关于烙印过程机制的研究有限,要么缺乏深入剖析,要

第3章 工匠精神的内涵及形塑框架

么不予关注。以往的中介机制实则是两个重叠的分类：一是采纳、构建，二是创造性选择、综合。组织、个体如何通过发展规则、角色、结构、同一性来内化烙印特质，概括起来主要基于三大机制：学习机制、认同机制、社会影响机制。第一，导师通过传授"窍门""秘诀"，将隐性知识转化为显性知识；员工通过模仿学习增强专业知识技能，奠定形成创新能力的基础。员工从自身知识结构和需要，对导师传授的知识创造性地吸收，进行整合性摄取。第二，基于职业角色理论，在企业师徒制中导师发挥角色模范功能，缓解角色冲突和组织压力，帮助员工尽快建构自我概念，形成角色认同、组织认同和职业素养，从而应对不确定性，胜任工作，降低离职意愿等。第三，基于社会影响理论，在职业认知和创新能力两个方面对员工施以影响，这种烙印过程更具动态性。师徒双方由于地位差异、知识势差产生社会压力，员工通过服从、认同、内化三种主观机制形成或改变自己的行为和认知模式。员工通过服从导师、认同导师、认同组织并内化成自觉行为，完成工匠精神的塑造。职业角色理论和社会影响理论中均有认同机制，但二者有区别：前者主要是自我概念的形成，认同职业角色；后者认同的对象是导师、组织，进而采取了与认同对象一致的价值观、态度和行为等。

3.3.2 工匠精神的形变

工匠精神在个人身上产生印记后，还会演进和转化。组织、个人之所以能被烙印是因为焦点主体会经历多个环境敏感期。每一次环境的影响都会和原有烙印形成交叉、共同作用于个体，形成新的烙印，进而呈现动态变化。

就个人而言，即使是初次进入职场的员工，也已在学校教育、家庭教育、社会环境中形成了自我特征、认知方式与知识结构。这也就决定了工匠精神形成更接近于如下过程：烙印者（外部环境、内部组织环境、导师）与带有印记的被烙印者（员工），在敏感期内通过烙印机制互动作用，形成工匠精神，再经过烙印的形变、迭代产生较为持久的影响。

第一，印记的持续。印记持续机制又称复制机制。印记产生之后，面对内外部的变化，印记还将持续，这主要源于惯例机制、印记的黏性以及缺乏竞争。制度理论、组织惰性揭示了组织内外部环境对印记持续的影响，个人印记主要从认知方面予以解释，比如习惯、规则或惯常信息、叙述方式或稳定的思维过程。非敏感期内，个人角色趋于稳定，受环境影响较小，学习意愿降低，学徒期习得的职业化认知和创新能力将在较长时间内持续，甚至离开该组织后，仍将带着这个印记在组织间游走，这也是烙印理论的核心机制之一，是工匠精神得以延续、继承的基础。

第二，印记的扩大。研究还指出，如果组织或个人能从印记中持续获利，印记会扩大并内嵌入个人或组织之中。如具有工匠精神的导师获得各种激励措施，受到组织的尊重与认可，或精益求精的员工绩效水平更高、职业成长速度更快等，都有益于个人工匠精神上升为组织文化，产生放大效应。另外，还有学者指出组织承诺升级、自我合法性要求、绩效反馈、组织学习，也是印记扩大的原因。印记的扩大机制是个人工匠精神得以上升为企业文化、国家精神的关键。

第三，印记的衰退。由于印记之间的相互作用，印记不会一直持续。虽然斯汀康比早期研究中未曾表明，但从组织和战略变化中可见一斑。个人印

第3章　工匠精神的内涵及形塑框架

记改变可能由如下原因引起：情境渐进变化，时间磨损和绩效水平低下，管理团队变化，记忆衰退，印记与环境不匹配，竞争压力等。总的来说，印记的消退是由内外部环境的变化引起的。从家庭手工作坊生产的兴盛到工厂制度、福特制企业组织的式微说明了传统工匠精神的消退机制。再如对"慢工出细活"的推崇也随着工具的革新与技术创新，与效率不再截然对立。当代工匠精神强调以扎实的专业知识技能为基础，企业开展精益生产、柔性生产，又能敏捷制造，迅速满足市场和客户需求。

第四，印记的转变。间断平衡理论认为，生物进化在长期"渐变"的基础上，还存在"一种被偶然、快速和片段式的事件所扰动的自我平衡"。这一思想将"渐变"与"突变"统为一体，更准确地描述了生物演化的过程。间断平衡规律引入组织发展领域后，认为组织在渐变性、适应性的进程中与在快速、间断性、剧烈的变化中实现演化。印记缓慢衰退的同时，在某种条件下也可能发生剧烈损毁或转变。齐格利多普洛斯强调，组织包括了技术特征、主导逻辑、组织结构三种印记，它们相互作用、彼此强化。一旦其中一种发生变化，就会对其他部分产生影响。第一次工业革命之后，技术革新空前高涨，以机器大生产的效率机制代替了传统工匠精神。随着互联网经济到来、信息革命以及精细制造业的发展，传统工匠精神的时代内涵发生了新的转变。除大规模的转变外，印记还可以通过沉淀、重组、新形势定义、复杂分层等嵌入形成新印记。目前，共享经济、平台经济的迅速发展带来内外部环境的剧变，个人、组织面临前所未有的机遇与挑战，哪些印记或哪部分印记将发生转化或消退还有待于进一步考察。

在印记演化的四种机制作用下，工匠精神一方面应最大限度地持续、扩大影响;另一方面,也应视环境的需要丰富其内涵,符合时代环境变化和需求,并利用自系统衰退、淘汰机制清除不合时宜的部分。这四个机制共同作用于印记,以使印记充分发挥作用。一味强调持续或扩大的正向形变,避免任何衰退及转变都是片面的。

3.3.3 工匠精神的彰显

工匠精神的印记经过产生、形变之后,才会最终显现,即产生近期和远期效力。近期效力主要包括个人层面的影响:知识分享、离职倾向、职业发展、创立者的行为。近期影响用来解释印记为何会持续、为何会产生远期影响,它是产生远期影响的中介机制。远期影响主要体现为组织的一般绩效、成长、生存、战略变化或进入新市场以及持续创新,等等。工匠精神的印记激励个人持续学习、改进并帮助其实现职业发展与成功,形成正向反馈;就组织而言,提高组织竞争力,帮助组织在竞争环境中生存、发展,成为学习型组织,具备创新机能。在印记持续和扩大机制的作用下,个人的印记碰撞、强化、学习也会对组织印记产生影响,最终上升为大国工匠精神,在全社会凝结和传承。

本章以环境变化为切入点,从管理学视角界定当代工匠精神的内涵,并基于烙印理论探讨职业认知和创新能力的形成,建立形塑工匠精神的动态模型。在个人印记产生过程中,在员工职业生涯早期或职业角色转变时期,应重视内外部环境的共同影响,以师徒制为基础,发挥导师对员工的烙印效应,通过个人学习、职业认同和社会影响机制,产生工匠精神的印记。由于印记的交叉作用，印记的形成到发挥效力要经过持续、扩大、衰退、转变四个动态机制作用，始终保持与环境的互动、配适，进而实现个人与组织的创新与发展。基于烙印理论，在敏感期内利用各种环境施加积极影响，说明了企业形塑工匠精神的可行性与必要性，以师徒制为基础，导师对员工的烙印作用得以发挥。最终，个人工匠精神的形塑，带来劳动者素质的整体提升，大国工匠精神弘扬光大，支撑"中国制造2050"国家战略发展，推动我国进入全面质量经济时代。

第 4 章　培养工匠精神的职业教育模式

习近平在党的十九大报告中指出："完善职业教育和培训体系，深化产教融合、校企合作……支持和规范社会力量兴办教育。"《现代职业教育体系建设规划（2014—2020 年）》也强调："加快民办职业教育发展步伐。鼓励企业举办或参与举办职业院校，到 2020 年，大中型企业参与职业教育办学的比例达到 80% 以上。"由此可见，企业是举办职业教育的重要主体，其主体的属性是由职业教育的职业性与实践性等内在属性所决定的。企业以多种形式参与职业教育办学已成为我国职业教育发展的一大趋势。众研究也指出，企业的需求决定着职业教育的发展与方向，企业是职业教育直接利益相关者，是职业教育的目的与归宿。然而，目前职业教育举办主体较为单一，模式僵化，无法满足社会主义新时代对知识型、技能型、创新型劳动者大军的迫切要求；且校企合作大多停留在企业浅层次参与的层面，企业对职业教育投入呈现逐年减少的趋势，产教融合明显不足。由于"身份困境""资金困境"和"模式

第4章 培养工匠精神的职业教育模式

困境"等因素的制约,自主举办职业教育的企业更是凤毛麟角,不利于形成适应发展需求、产教深度融合,具有中国特色世界水平的现代职业教育体系,严重制约了我国职业教育可持续发展。

基于培育工匠精神的现实性需要,本章提出一个重要问题,即企业作为举办职业教育的主体,如何发挥积极作用,培养学生的工匠精神,进而解决企业举办职业教育的三大困境,其具体办学模式如何?为了回答这一问题,本研究将围绕产教融合2.0的要求,通过德胜洋楼有限公司创立德胜—休宁木工学校的典型案例,深入探究德胜—休宁木工学校办学模式的成功经验,剖析企业形塑工匠精神的特点与优势,以期为其他有条件自主办学或开展校企合作的企业提供可借鉴的样本和范例,为调动、支持、规范社会力量兴办职业教育做出贡献。

4.1 德胜—鲁班(休宁)木工学校简介

2003年10月,经安徽省教育部门批准,由德胜洋楼公司捐资创办的德胜—鲁班(休宁)木工学校正式开学。这是全国首家全日制木工中等专业学校,德胜洋楼公司将企业责任、企业用工与职业教育对接起来,并着力体现了德胜公司最核心的"再育人""养活教育"思想。以往理论和案例研究太多聚焦于德胜洋楼公司的制度管理、人力资源管理、企业文化建设等,但大都忽视了德胜产业工人在进入德胜洋楼之前重要的前置环节,即大部分员工已在德胜—鲁班(休宁)学校接受了为期两年的木工职业培训。本书将研究重

师带徒——工匠精神的内涵与培育

点聚焦于德胜—鲁班（休宁）木工学校，既能更全面、客观地揭示精准扶贫、发展农村职业教育，实现农民工向产业工人转变的机理机制，又能进一步挖掘职业院校与行业企业建立合作伙伴关系的模式。德胜—鲁班（休宁）木工学校大事件整理如下（见表4-1）。

表4-1 德胜—鲁班（休宁）木工学校大事件

2003年	10月，德胜—鲁班（休宁）木工学校正式开学。共招收48名新生
2005年	6月，首届匠士学位颁发仪式在德胜—鲁班（休宁）木工学校举行。同济大学德胜住宅研究院院长徐政教授为首届学员颁发了匠士学位证书 7月，德胜—鲁班（休宁）木工学校的2004届全体学生在苏州总部进行了带薪实习；首届匠士37人赴北京顺义工地见习
2006年	4月，2006平民、职业教育（休宁）现场研讨会在黄山休宁新宇酒店五楼会议室召开 11月6—12日《中国日报》商务周刊慈善事业版用全英文详细报道德胜—鲁班（休宁）木工学校和休宁德胜平民学校的教学情况
2007年	6月6日《人民日报》第11版报道了记者杨东平（北京理工大学教育科学研究所教授）撰写的《有感于木匠也戴"学士帽"》的文章
2009年	7月，历时6个月，由南京电影制片厂在黄山、苏州、上海等地拍摄的《德胜匠士》（可现场播出）顺利完成
2015年	11月，在"第四届全国高校高职学生木作技艺大赛暨2016世界木材日国际青年家具制作邀请赛（中国区）选拔赛"上，木工学校的徐长军一举夺得冠军。他还被推荐参加2016年在尼泊尔举办的"2016世界木材日国际青年家具制作邀请赛"
2016年	3月，网易记者到木工学校录制直播"中国年轻木匠出征国际大赛" 5月，休宁县电视台到木工学校专访《精准扶持教育》 7—9月。木工匠士、教官在各大技能大赛中获奖。木工匠士郭艳雷参加了江苏省精细木工选拔赛并获得第二名，吴忌在第44届世界技能大赛家具制作和木工项全国选拔赛中夺冠；2014级学生吴晋卿参加第五届黑龙江"全国高职高校学生木作技艺"竞赛获得二等奖；木工教官程志高在黄山市木工技能大赛中获得冠军，并荣获黄山市五一劳动奖章。木工教官郑宝军、黄晓卫分别获第二名和第五名

第4章 培养工匠精神的职业教育模式

续表

2016年	9月6日,人社部职业能力建设司司长张立新,安徽省职业能力建设处处长刘晓燕,黄山市副市长陆群,市组织部副部长、市人社局局长陈立青,市信息中心主任汪兵,县人大主任方平山,县人社局、教育局相关领导一行,来休宁木工学校参观,并对申报木工学校实训基地进行考察 10月,著名经济评论家、圆道理论创始人刘轩华,圆道商学院院长鲁克等9人来学校参观、考察和交流 11月,第44届世界技能大赛中国参赛项目集训选手名单公布。2015届匠士徐长军在列
2017年	1月,2015级学生毕业论文手工八仙桌评分,由木工学校巴阿捌总督学进行评比 4月,木工学校巴总督学为2015级学生毕业论文太师椅评分。届时已有12届木工匠士毕业 4月,2017届匠士就业顶岗实习安排13人到德胜(苏州)洋楼有限公司,10人到益群(苏州)家具有限公司 6月,第45届世界技能大赛精细木工、家具制作项目休宁选拔赛木工学校邬江等四名选手入选 10月,2017"徽州百工"全市木工技能大赛(郑宝军荣获第二名,黄晓卫荣获第五名) 11月,第六届全国高职高校学生木作技艺竞赛,"暨2018年世界木材日国际青年家具制作(中国区)选拔赛"。余腾同学荣获第三名

资料来源:根据德胜洋楼公司网站德胜(苏州)洋楼有限公司简介及2005—2017年大事件整理。

梳理德胜—鲁班(休宁)木工学校近15年的发展历程发现,该学校一直坚持小而精的办学方式,凭借着平民教育的教育理念,高质量的人才培养效果和独特的校企合作方式赢得了政府、学界及社会各界的关注和认可。德胜—鲁班(休宁)木工学校的学生、师傅还屡次在国内外技能比赛中获奖,展示了精湛的木工技艺,凸显了中国工匠精神,与此同时,提升了木匠的社会地位,进一步扩大了德胜—鲁班(休宁)木工学校的影响力。德胜—鲁班(休宁)木工学校被美国《时尚先生》杂志誉为"最有希望的学校",它是中国唯一获此荣誉的县域职业教育学校。

4.2 德胜—鲁班（休宁）木工学校的办学模式分析

德胜（苏州）洋楼有限公司成立于1997年，主要从事美制现代木（钢）结构住宅的研究、开发设计及建造，是迄今为止国内唯一具有现代轻型木结构住宅施工资质的企业。德胜公司创始人聂圣哲先生出生于安徽休宁，是一位精通文、理、工三学科的儒商。德胜—鲁班（休宁）木工学校是由德胜洋楼公司捐资创办的。这所中等职业学校体现了这位成功商人反哺家乡的情怀，也是践行陶行知先生平民教育、养活教育理念的范本，为发展中国农村教育、促进区域经济发展做出了贡献，并探索出一条农村子弟"非典型"性成长之路。

4.2.1 办学理念

"以品德为根基，以敬业为习惯，以技能为资本，以谦卑为情怀。"德胜—鲁班（休宁）木工学校面向普通农家子弟，对接德胜洋楼的用人需求，其办学理念与德胜洋楼的企业文化一脉相承，以培养"诚实、勤劳、有爱心、不走捷径"的合格公民为己任。木工学校的办学宗旨是解决一部分农家子弟贫困问题，培养一个学生，让一个家庭脱贫致富。教育目标是培养德艺双馨的木工手艺人，打造自食其力的现代高级蓝领。该企业举办职业教育学校不以营利为目的，每年对每位学生均投入培养成本万元以上，学生仅需缴纳2000元，还可以获得较为丰厚的奖助学金。正如聂圣哲先生所说："在休宁办一所木工学校,把一部分农家子弟培养成中国一流的木工,这些孩子一旦进入城市,他们会是一丝不苟的好员工,制造业的各个领域都会留下他们的身影。"这种脚踏实地、接地气的校训、学风与精英教育和应试教育截然不同,是满足现代制造业对高素质技能人才需求的创新之举,为解决农村贫困人口受教育问题带来启发。

4.2.2 招生方式

木工学校通过自愿报名、教师面试、家庭访问、体格检查等程序录取生长在农村的应届初中毕业生。在学校创立之初,学校校长亲自在黄山市休宁山区家访,招收吃苦耐劳的农村孩子,初中毕业,且必须诚实守信,不赌博、不抽烟,无不良嗜好。随着德胜—鲁班(休宁)木工学校的盛名在外,越来越多的学生慕名而来,但为了保证教学质量,学校规模维持在两个班级,每个班50人左右,且只设一个专业。学校2017级共招收新生40名。生源情况具体如下:安徽黄山市内19名;省外地区共21名,其中,湖南4名,贵州、四川各3名,河南、江苏各2名,广西、湖北、黑龙江、广东、山西、山东、辽宁各1名(见图4-1和图4-2)。

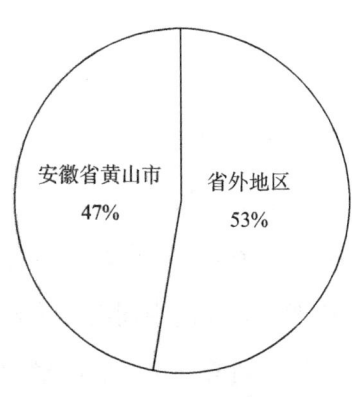

图4-1 2017年新生省内、省外地区比例

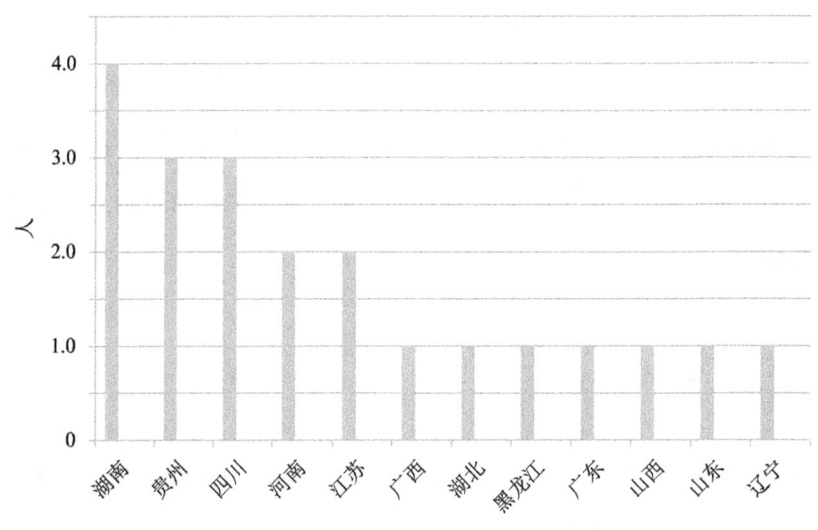

图 4-2　2017 年新生省外地区生源分布图

4.2.3 教学体系

德胜—鲁班（休宁）木工学校主要由师傅传授木工和雕刻技艺，重做人教育，重现场实训，"教学做合一"。德胜公司与木工学校已跨入产教融合 2.0 阶段，即跨越浅层次参与办学，进一步探究校企合作、产教深度融合的职业教育办学模式。木工学校虽然与休宁县第一职业高中同在一个校园，但德胜洋楼公司作为办学主体，对木工学校的各项管理都具有绝对的自主权，并在教学内容、教学管理、教学方法、考核制度等方面进行了改革，建立了独树一帜的"德胜"职业教育教学体系，具体表现见图 4-3。

第 4 章 培养工匠精神的职业教育模式

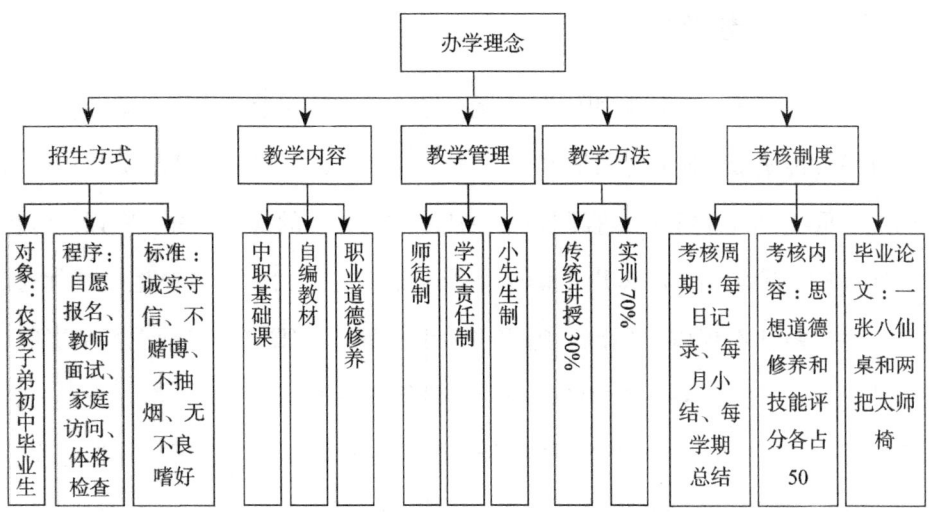

图 4-3 德胜—鲁班（休宁）木工学校的办学模式图

4.2.3.1 教学内容

以中职必修课程为基础，自编课程、职业道德课程并重。在木工学校创立之初，针对市面上的木工教材脱离实际且难以理解的现状，学校组织姚允杜、汪丽庆、毛颖琦三位老师编写《木工理论与实践》《现代木结构》《班门弄斧》等教材并实施教学，并且注重传授学生计算机知识。另外，学校组织教师、德胜公司高管，参照国家制定的中职生思想品德教育的基本内容及企业自身的实际，编写了《木工学校道德与修养》（上下册），尤其注重职业道德的培养。

4.2.3.2 教学管理

积极发挥传统师徒制的优势,营造传承、互助的学习氛围。第一,学校充分发挥传统师徒制在隐性知识转移方面的优势,对师傅的从教资质有严格标准。重视"心口相传",强调师傅在技能和艺德上的言传身教。实训师傅在上岗前就必须承诺,80%以上的学生能合格毕业,10%的毕业生成绩优秀。如学生成绩达不到以上标准,师傅主动引咎辞职。第二,实行学区负责制。实训时把学生分成4~5个学区,一个师傅负责一个学区,每个学区确定一名悟性好、组织能力强的学生任执行长,学区间开展"比学赶超"教学竞赛活动。第三,学校重视同辈师傅(Peer Mentor)的作用,即陶行知先生倡导的"小先生制""人人是师傅"。同学、上下年级、师门之间互相学习,这既是巩固知识技能的过程,也有利于激发学生们的学习动机,形成一个互帮互助、齐头并进的良性循环。

4.2.3.3 教学方法

以实训和现场教学为主,传统讲授为辅。学校明确规定文化课与实训课的设置比例为3∶7,即70%的课时是学生在一线平台操作。从练习劈料、刨平、开料、凿眼、组装等基础技能着手,逐步制作方凳、长凳、床架等简易家具,师傅每天拿着尺子在实训室里反复观察、检查、比对、示范。

4.2.3.4 考核制度

实行学分制,首创"匠士"学位,"毕业论文"是独立制作一张八仙桌和两把太师椅。严格执行每日考核、每月评定、期末总评,思想道德修养和技能评分各占50分，并据此评定奖助学金等级。从第一学期到第四学期期末的考试作品分别为徽州古典方凳、流线型合角方凳、檀木八仙桌、实木太师椅。学校奖惩制度严格，颁布了《学生制度读本》，详细规定了"20不准"和"199条军规"，并实施末尾淘汰制。另外，德胜—鲁班（休宁）木工学校的合格毕业生都可以获得"匠士"学位，并举行隆重的学位授予典礼。这一做法不仅是中国职业教育的一大创举，也进一步提高了木匠职业的社会地位，给予有文化、有技术、有素质的技能人才充分的尊重与认可。《人民日报》专门刊发了评论："匠士"的培养，不但是让年轻人有了一技之长，让民间一些手艺后继有人，让当地经济发展有望，更重要的是让人们看到："匠"也能成士，值得提倡。

4.3　企业举办职业培育工匠精神的优势

从以上案例可以看出，企业举办职业教育培育工匠精神，具有独特优势，主要表现在以下几个方面。

第一，企业是职业教育的客户，客户的需求就是职业教育的价值所在。企业的需求直接决定了职业教育的办学理念、招生方式、教学体系等。充分发挥职业教育对产业的支撑作用，实现供给方与需求方的无缝对接。

第二，有利于拓展企业培训体系的延展性，即整合岗前培训和在职培训。如前所述，职业教育是个人职业生涯的准备阶段和起点。学生从木工职业学校毕业后即获得"一星"匠士等级评定，随着进入企业工作经验增长、技

师带徒——工匠精神的内涵与培育

日臻完善，最高可达到"五星"匠士，从而实现了职业道路的连贯性发展。此外，德胜公司实行见习匠士制度。一个师傅带两个员工，实行"捆绑式"师徒制，教学相长，直至员工可以出师。

第三，就员工个体而言，企业举办职业教育有利于加快新员工的组织社会化进程，提高组织忠诚度、敬业度和幸福感。这是因为，学校从甄选学生开始，再到课程设置、制度管理、职业道德养成各环节都准确地传达了企业的价值观，更好地实现员工从教育场域向工作场所的角色过渡。资料显示，德胜—鲁班（休宁）木工学校学生的就业率达到100%，在德胜洋楼公司不断发展的20年间，公司离职率始终处于低位，甚至出现了许多"德二代"员工。由此可见，从十五六岁技能培养开始再到职业生涯一贯性的社会化，倡导企业奉行的工匠文化，实现认同，更有利于个人的职业成功与持续发展。另外，职业学校为企业培养人才，企业中经验丰富的技师又可以作为任教师傅反哺职业教育，形成学生—技师—教师培养的良性循环。

综上所述，本章从德胜—鲁班（休宁）木工学校的案例出发，着重解答了企业作为职业教育办学主体如何培养学生的工匠精神，并有效解决"身份困境""资金困境""模式困境"三大困境的问题。建立适合行业、企业发展的职业教育办学模式，建全现代职业教育体系，响应校企深度合作，产教深度融合的政策，也为企业举办职业教育，培养工匠精神提供了可操作化的路径。

第5章　构建工匠精神对话过程体系模型

理查德·桑内特在《匠人》里写道:"匠艺本身是一种持久的、基本的人性冲动,是一种努力把事做好的欲望。"

党的十九大报告提出:"建设知识型、技能型、创新型劳动者大军,弘扬劳模精神和工匠精神,营造劳动光荣的社会风尚和精益求精的敬业风气。""工匠精神"受到全社会的关注与热议,并被赋予新的时代内涵。倡导新时代"工匠精神"顺应了全球经济竞争趋势,是深化供给侧改革、建设现代化经济体系的核心价值导向。其意义在于:第一,坚实的制造业是国民经济发展的基石,实体经济基础上的"互联网+"模式是未来经济发展的趋势。第二,实现"中国制造"到"中国质造"再到"中国智造"的战略升级,关键要实现工作中人的转变。提高劳动者的素质,围绕"创新驱动"的生产逻辑,需要培育工匠精神、弘扬工匠文化。第三，工作已不再仅仅是人赖以生存的手段，新时代劳动者特别强调自我实现与幸福感。促进工作与人和谐共生是完善、协同的雇佣关系的发展方向。因此，弘扬新时代工匠精神、培养"中国工匠"、打造"中国品牌"，切中时弊、符合时需，探索工匠精神的培育养成机制具有重要意义。

企业作为工匠精神的培育主体，在员工认知优化、情感培育、角色获得、信念养成、价值认同中的突出作用不容忽视。为了解答企业培育工匠精神的理论困惑与实操难题，本研究着重回答两个基本问题：第一，新时代工匠精神的内涵是什么？第二，个体层面的工匠精神如何汇聚为组织或社会层面的工匠精神？针对第一个问题，众多学者已从意识形态、教育学、心理学、管理学等视角展开了研究（李梦卿，任寰，2016；曾颢，赵曙明，2017a），但尚未有统一定论。对于第二个问题，却鲜有学者深入探讨。这正是由于企业培育工匠精神机制的"黑箱"尚未打开，因而无法在管理关键点上采取措施，阻碍了理论对实践的指导。

由此，本章旨在以企业为主体，研究个人行为上升为组织规范的过程，揭示组织层面工匠精神的形成机制。具体而言，将选取本土企业德胜洋楼公司作为典型案例，首先从工匠精神的概念梳理、制度对话理论（Discourse and Institutions Theory）及修辞理论（Rhetorical Theory）的文献回顾中初步得出案例的分析框架，再运用规范化的质性研究方法对案例的二手文本资料进行要素提取、逐层编码，进而探索企业形塑新时代工匠精神的机理机制，建立相关理论模型，以期从探索本土化管理理论与实践操作两方面为企业工匠精神的形塑做出贡献。

第 5 章 构建工匠精神对话过程体系模型

5.1 文献述评与理论框架

5.1.1 工匠精神的内涵

"精神"是相对于形骸而言,原意指人的"精气""元神"。《吕氏春秋·尽数》有言:"圣人察阴阳之宜,辨万物之利,以便生,故精神安乎形,而年寿得长焉。"工匠精神凝结在手工劳动者之中,是手工业时代工匠制度的产物。

如前所述,工匠精神的内涵界定主要包括四方面。

第一,以我国"工匠"历史演化为脉络,提炼工匠精神的精髓。研究者认为工匠精神通过师傅口传心授得以传承,是"求知""造物",求精尚巧、天人合一的过程与境界。工匠精神是一种高度认同、敬业乐业、专注专一、全情投入、精益求精、追求卓越的精神(李梦卿,任寰,2016;叶美兰,陈桂香,2016),突出了以学徒制为基础的工匠精神的传承方式。

第二,以比较分析的视角,揭示西方工匠精神的深层次动因在于:"非利唯技"、热爱作品本身、追求目标以及受到神的感召(肖群忠,刘永春,2015)。突出了西方文明中人与物质利益、宗教、职业召唤、使命感之间的关系;另外,阐明德日两国的工匠精神体现出工业时代的特征,主要表现为精益求精、持之以恒的专注精神和持续的创新三方面(蔡秀玲,余熙,2016)。有学者通过溯源指出,日本的工匠精神源于中国。日本工匠精神的特点是把劳动看作修行,把生产制作当作与自然共生共荣的宗教仪式,且伴有一种"空寂"的哲学思想。

第三,工匠精神是思想层面爱岗敬业、无私奉献,行为层面专注创新,目标层面精益求精、追求卓越（孟源北，陈小娟，2016；蔡秀玲，余熙，2016）。

第四，从管理学视角，运用组织结构化理论与ERG理论分析认为，新时代工匠精神的实质是人对工作的主导性，计划与生产的统一，其内核包括爱岗敬业、专注、踏实的高度职业化认知，与潜心钻研、精益求精的创新能力（曾颢，赵曙明，2017b）。方阳春和陈超颖（2018）还开发出工匠精神三维度量表：爱岗敬业的奉献精神、精益求精的职业态度、攻坚克难的创新精神。二者较为一致的是，同时强调专注的职业态度与创新能力，不可偏废。

5.1.2 制度对话理论与修辞理论

学者们想要探究的问题是：个体的思想、认知、行为如何成为组织的行为规范？对话理论为制度化内在的过程机制提供了清晰框架。广义来说，对话是说和写的实践。在对话分析中，对话描述并塑造事物，通过为受众赋予意义并产生相关的经验和实践。对话是结构化的有意义文本的集合，组成对话的文本形式是多种多样的，包括书面文件、口头报告、艺术作品、口头文字、图片、符号、建筑和其他手工艺品。

对话理论认为，任何组织规范均是从个体行为（Action）开始的，经过文本（Text）和对话（Discourse），最终成为组织制度（Institution）。在这个过程中，行为主体不断去说服他人，个体在越来越大的范围内使其行为获得合法性，进而构建出越来越大的对话体系。当然，如果个人在组织内部的权力越大、对话获得外界已有陈述的支持越多，则个体行为成为组织制度的过程

第 5 章 构建工匠精神对话过程体系模型

会加速发生。即指明了对话主体地位、说服内容、手段及对话范围等在组织规范行程中的突出作用。

类似地,格林和杰克逊(2014)从修辞学视角解释组织中新管理实践的扩散过程,即在对话过程中,唤醒的各种类型的修辞越多,效果越好。"修辞"是"用以说服他人并实现持续可信的判断和合作性社会行为的一类工具性对话手段的总称",制度化是推广管理实践的主体不断说服他人并唤起情感修辞(Pathos)、认知修辞(Logos)和规范修辞(Ethos)的结果。情感修辞指在说服过程中引起他人情绪上的共鸣,通过诉诸他人的兴趣、兴奋感等初始反应达成共识;认知修辞指在说服过程中基于理性计算引起他人共鸣,通过诉诸基于逻辑、效用等理性判断达成共识;规范修辞(价值修辞)指在说服过程中基于社会规范和习俗等引起他人共鸣,将新制度或管理实践与更大范围内的价值观联系在一起达成共识(贾良定,尤树洋,刘德鹏 等,2015)。在制度化过程中,三类修辞发生作用有先后顺序,即制度扩散的过程往往始于情感修辞而最终通过规范修辞得以实现。推广管理实践的主体能够唤起的三类修辞越多,则管理实践扩散的速度越快、范围越广。

通过文献分析进一步表明,企业作为工匠精神的培育主体,推动个人工匠精神上升为企业精神或价值观,关键在于企业如何构建一个以工匠精神为文本的情境体系。首先,以个人工匠行为为起点,通过组织主动赋予意义以及确定合法性而生成工匠精神的文本。其次,文本制造者、文本体裁以及文本与对话连接方式的共同作用,将工匠精神嵌入到组织的对话体系(情境)之中。再次,组织不断扩展对话的深度与广度,延展其自上而下、由内到外的影响力,通过对话内在的结构,加强支持性的对话,最终达成培育企业工匠精神的目的。在情境创造过程中,企业主要通过对话体系唤起企业员工情绪(情感修辞)、理性计算(认知修辞)、社会规范和习俗(规范修辞)三类共鸣,以使员工嵌入到文本中,加速制度化形成进程,促使工匠精神加速传播,传播速度越快、范围越广,传承越深远。

5.1.3 理论框架

基于文献回顾和理论分析,对话和修辞理论两种制度化的观点是相辅相成的:制度化是管理实践在组织中从个体到组织的跨层面扩散过程,其内在机制是通过不同群体的对话,唤起组织整体对管理实践的认同。一方面,制度对话理论主要揭示了个体的思想、认知、行为到组织的行为规范的具体过程,强调了语言在制度形成过程中的重要作用;另一方面,修辞理论则阐明在说服过程中"对话""语言"对个人情感、认知和价值观的作用,从而进一步探明了组织制度化的"黑箱"。

关于工匠精神,目前学术界对该构念的研究多集中于个体层面,鲜有对组织制度层面的刻画,且尚未对其制度化机制进行系统揭示。本研究尝试整合两种制度化理论,在综合考虑组织内外部环境、技术、政策、制度因素,以及对话体系的构成要素的基础上,从挖掘工匠行为到形成工匠精神的文本,并构建工匠精神的对话体系,使匠艺、匠心的认知和能力在更大范围内产生影响,形成匠气,最终凝结成组织的匠魂,形成企业的制度和规范(见图5-1)。

第 5 章　构建工匠精神对话过程体系模型

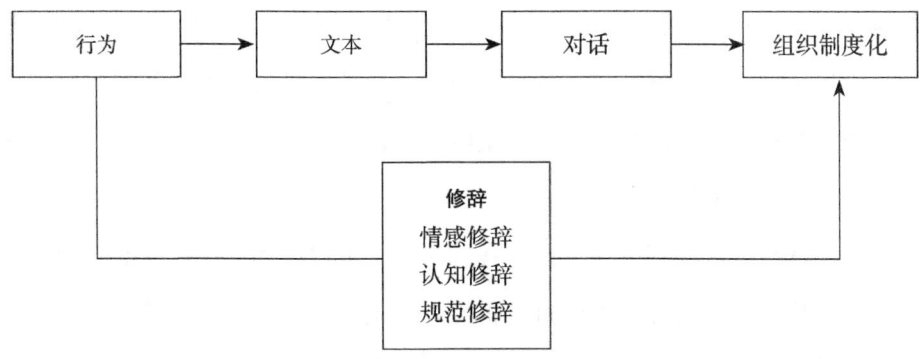

图 5-1　理论分析框架

5.2　研究设计

5.2.1　研究方法及案例选择

本研究采用单案例研究方法探析企业培育工匠文化的过程、机制。一方面，因为案例研究范式的归纳逻辑适用于构建理论，回答"如何""怎么样"（How）以及"为什么"（Why）的问题；陈晓萍、徐淑英和樊景立（2012）也指出，当研究者探讨的是实际生活现象，不是几分钟的实验或变量控制就能完成时，是使用案例研究的最佳时机。新时代工匠精神内涵有别于传统工匠精神，也与日德等国的匠人精神、"空寂"的职人精神有所不同，如何塑造工匠精神是中国企业管理实践中亟待总结的现实问题，需要研究者沉浸到现象中，来探讨管理现象的具体机制。另一方面，单案例一般用于极端案例的研究，其优势在于可对单个情境进行深入的剖析与详尽的说明。并且，故事性强又引人入胜，能够带来不同寻常的新见解和启发性。"浓"描述有助于挖掘典型案例中培育工匠精神的示范性举措，总结出隐藏在管理问题背后的法则，虽然在一定程度上缺乏构建理论的普适性，但对工匠精神培育、塑造具有较大的启发作用和借鉴意义。

　　本书选择德胜洋楼公司进行单案例研究，是遵循理论抽样的准则，兼顾了案例的典型性及研究数据的可获得性。首先，德胜洋楼的管理创新颇具中国本土特色。国外有学者认为，真正代表中国管理创新的不是华为、海尔、联想，而是德胜洋楼（刘祯，2012），并在全球推广德胜洋楼公司的《德胜员工守则》。日本名城大学河田信教授也将德胜洋楼作为中国文化属性的典型代表，指导博士生进行研究。其次，聂圣哲先生是企业领域中较早提出"工匠精神"的实践者。公司处处体现工匠精神，创办德胜—鲁班（休宁）木工学校，践行"养活教育"，并在企业中推行工匠制度——师徒制。该企业从主营业务范围到组织文化再到管理制度创新，都与工匠精神有着较强的适切性。再次，德胜洋楼的现有研究案例中，关注企业文化建设较多，但鲜有从工匠精神内涵角度开展研究的。因此，本研究在制度对话理论、修辞理论的基础上，以德胜洋楼为实际案例进行深入研究，具有一定的典型性，也为丰富形塑工匠精神，建设工匠文化做出了理论和实践探索。

5.2.2　数据来源

　　德胜洋楼的相关资料有如下基本来源：一是德胜洋楼创始人聂圣哲先生与德胜洋楼有限公司文化中心总经理赵雷的访谈记录；二是一些管理学专

第5章 构建工匠精神对话过程体系模型

家、学者对德胜洋楼的案例研究,主要包括:企业文化的建设,特别是基于中国文化的管理模式探究(胡海波,吴照云,2015),组织制度理性与规范分析,企业家精神、领导力与价值观的研究,员工—组织雇佣关系研究(刘祯,2012),平民职业教育研究;三是参阅了实践类期刊上的其他文章以及各种媒体、咨询公司的报道和研究;四是利用德胜洋楼的官方网站和内部论坛摄取、跟进最新信息。本研究均取材于二手资料,在深入分析德胜洋楼公司如何构建工匠精神对话体系时,笔者将官方网站中最新信息的"公司动态"(2016年至今)(6360条)、"灯下漫笔"(4620条)(2016年至今)、"其他信息"(330条)等栏目内容围绕工匠精神进行筛选分类,共得到119个有效文本(见附录1)。

5.2.3 数据分析方法及研究步骤

本研究采用案例研究中的归纳法进行数据分析。以制度对话理论和修辞理论为分析框架,数据分析程序主要包括以下三个步骤:第一,通过对原始数据资料的编码和分析,提取出德胜洋楼培养组织工匠精神及价值观的证据;第二,对相关证据进行内容分析,归纳出推动工匠精神形成的管理措施;第三,从原始数据中分析不同管理措施对培育工匠精神的积极影响。最后,对有效的路径措施再进行内容分析和编码,构建出德胜洋楼培育工匠精神的机制系统,并在归纳和演绎推理的基础上形成研究结论(章凯,李朋波,罗文豪,等,2014)。

5.2.4 案例简介

德胜（苏州）洋楼有限公司成立于 1997 年，是美国联邦德胜公司（FEDERAL TECSUN，INC.）在中国苏州工业园区设立的全资子公司，它的前身是美国联邦德胜公司在中国上海设立的代表处。德胜公司从事美制现代木（钢）结构住宅的研究、开发设计及建造，是迄今为止中华人民共和国境内唯一具有现代轻型木结构住宅施工资质的企业。同时还从事教育、公益慈善等事业。德胜创始人聂圣哲是德胜管理体系创建者，亲自编写了《德胜公司员工读本（守则）》，并把它作为德胜的管理制度文本（胡海波，吴照云，2015）。这家只有千人的公司生产加工能力卓越，其组织结构去层级化，反官僚制，把农民工改造成高素质的产业工人和绅士，奉行中国传统文化"诚实、勤劳、有爱心、不走捷径"的德胜理念，精细化的理性管理和人性化管理并重，实则是中国领先企业管理方式——"中国理念、西方标准"的集中体现（陈春花，2004）。

1997—2017 年，德胜洋楼公司深知产品和服务是企业制胜和持续发展的关键，公司从上至下推行并崇尚工匠精神。培养高技能、高素质的产业工人，推行精细化管理、严格的监察制度是德胜洋楼制胜的基石。在"德"胜价值观倡导下，德胜人体现了爱岗敬业、专注、踏实的高度职业化认知与潜心钻研、精益求精的创新能力。德胜洋楼公司在办学育人、产品质量、环保、服务等方面无不贯彻、培育着工匠精神。2016 年，聂圣哲先生进一步提出匠心精神与"中国精造"的战略发展方向，并围绕这一主题展开了一系列的工作与活动。具体大事件见附录 2。

第 5 章 构建工匠精神对话过程体系模型

5.3 案例与数据分析

对话制度理论认为,行为无法直接产生制度。只有用特定的方式观察、记录、解读、谈论、描述行为,生成文本后才能进行对话。文本在行为和对话之间起中介作用。而制度是一个特定领域结构化文本的集合,这些文本产生了塑造行动者认知和行为的社会范畴和规范。因此,工匠精神的制度化过程将沿着对话制度理论"行为—文本—对话—制度化"的逻辑线索进行分析和归纳。

5.3.1 定义"匠心":匠士行为→工匠精神文本

第一步,对工匠行为进行意义建构和合法性论证形成工匠精神文本。意义建构实际上是一种对行为的回顾性解释;而赋予合法性则是通过提供证据让某种行为逐渐为人所接纳,直至变得习以为常,而不再需要提供证据。

首先,德胜洋楼对工匠行为的表述,既可以揭示组织意义建构和合法化过程,也可进一步厘清工匠精神的内涵(见表 5-1)。根据前文对工匠精神的文献梳理,对德胜洋楼倡导的工匠精神文本编码,并进行范畴提取,发掘德胜洋楼中的工匠精神主要体现在职业动机、职业态度、职业能力三个层面。这与工匠精神包括高度职业化认知与精益求精的创新能力等研究结果是一致的。具体而言,德胜洋楼公司工匠精神内涵主要包括三个方面:在动机方面,受工作本身的内在驱动;在职业态度方面,爱岗敬业、质量为上、诚信,有爱心,不走捷径;在能力方面,基本功是基石,创新是升华,二者不可偏废。

表 5-1　德胜洋楼公司工匠精神的内涵

文本示例	范畴提取	核心范畴
①"让学生在制作和创造活动中体验成功的喜悦和做木工的乐趣，从而把木工制作提升到艺术创造境界来燃烧自己的青春，来绽放自己的灿烂生命！" ②"不管各行各业，都需要认真做事，不论领导在与不在。以赚钱盈利为导向的发展是没有出路的。"	热爱工作本身，不以盈利为目的	非营利性的职业动机
①"职业地位均平等，敬业程度比高低。""德胜公司不认为一个平庸的博士比一个优秀的木工对社会的贡献更大。" ②"诚实、勤劳、有爱心、不走捷径"的价值观种植在学生的心田，通过从简单到复杂地制作传统家具学习木工技术，养成按程序训练，严谨死磕，一丝不苟，不投机取巧走捷径，培养他们把木工活做到漂亮极致。" ③"耐心、缓慢、坚持、少量、高价乃至溢价，是中国工匠精神的核心，但这是一般劳动者无法理解的精神。" ④"何为匠人精神，我认为是一种对待自己、对待他人的态度。一流的匠人，人品比技术更重要。" ⑤"质量是道德，质量是生命，质量是对客户的尊重。" ⑥"工匠精神应该就是追求产品卓越的创造精神、精益求精的品质精神、用户至上的服务精神、高瞻远瞩的品牌精神。"	对工作：爱岗敬业，精益求精、不走捷径 对顾客：质量为上 对他人：诚信友爱 对社会：承担责任、奉献爱心	爱岗敬业、高度负责的职业态度
①"工匠精神就是要打造自己的知识产权，生产出新颖的中国造的国际品牌。要达到这个目标，就需要我们将工匠精神发扬光大，不断探索，敢于创新，制造出更多更好的中国造，为中华民族争光，这也是为工匠精神在新时代增添新的辉煌。" ②"第一，是基本功的不断提高，对手艺水平无止境的追求。所谓创新，每个匠人只要基本功达到炉火纯青的程度，就会创新。"	夯实基础技能，勇于创新，打造自主品牌	精益求精的创新能力

其次，德胜洋楼建立了衔接职业教育的匠士师徒制。两年的职业培训实行传统师徒制，重实践，重言传身教，踏实作业、磨炼基本功。在见习期内实行匠士师徒制，精心甄选德艺双馨的师傅，一个师傅带两个员工，采取"捆

第 5 章 构建工匠精神对话过程体系模型

绑式"的管理模式,直到员工出师并成长为合格的德胜员工。

再次,以《德胜员工守则》确立工匠行为的合法性地位。德胜洋楼公司的规章制度、行为准则,大到施工程序,小到报账请假,都能在《德胜员工守则》中找到范例。并且公司每月两次召开制度学习会,由公司高层管理者带领员工学习《德胜员工守则》,逐字逐句朗读,并交流心得,不断强化工匠行为的合法性线索。

最后,管理者在意义构建和合法性论证中扮演重要角色,德胜洋楼的创始人聂圣哲先生通过一系列公开发言、文章、采访等来倡导工匠精神的新理念,并赋予工匠行为积极意义。如,2016 年 4 月,他发表了文章《工匠精神需要什么样的教育体系》;8 月底,就工匠精神、中国精造、子女教育等主题,接受网易媒体长达 2 个小时的采访;12 月,在"第五届 1212 高峰论坛——巨变时代的创新突围"大会上,发表主题为"中国精造和工匠精神"的演讲。

5.3.2 营造"匠气":工匠精神文本→工匠精神对话

第二步,建立多层次的工匠精神文本,通过多主体、多体裁文本并有效联结其他对话,营造工匠精神的对话氛围。其中,文本制造者主要包括:企业家/管理者、员工、访客、业主、媒体、咨询公司、专家学者等。文本的体裁也以会议、文章为主,论文、新闻报道、公开演讲、访谈等多管齐下。现将所采集的二手资料整理并示例如下,以展现工匠文本嵌入对话的核心要素以及各要素间的互动,并推动工匠制度进程(见表 5-2)。

表 5-2 德胜洋楼工匠精神文本示例

文本主体	文本体裁	示例	观点
企业家、管理者	演讲	第五届1212高峰论坛——巨变时代的创新突围纪实等《中国精造与工匠精神》	"诚信绝不仅仅是品德问题,而是市场经济的重要保障,更是经济交易的基础。如果没有诚信,就会大大增加你的交易成本。""精造绝不是为了产品打开销路的一个手段,精造是我们生产、生活最重要的价值取向。"
	会议、论坛、仪式	"第二届中国德胜管理高峰论坛——工匠精神,大道匠心,开启中国精造时代"大会	参与、召开全国性论坛,召开公司例会、德胜公司老员工欢送会、拜师仪式、德胜(休宁)鲁班木工学校毕业典礼、事务总结会、训导会、制度例会及礼品拍卖会等
	建筑、机构、石刻	"匠心堂""匠心社"	匠心社是一个致力于培养和弘扬工匠精神、宣传中国精造意识的微型平民学艺组织,同时还开展丰富多彩的有特色的自娱自乐文化
	著作	《中国人是如何管理企业的》	推广中国管理理念、输出中国文化、宣传普世价值观,让世界了解中国的重要成果
	文章(微信公众号)	聂圣哲:德胜为什么能做中国的最强?华为的大,德胜的强!	"德胜和华为比,规模太小了,千人企业,一年就几个亿的销售额。但德胜很强——因为我们的质量比美国本土做得还好。并且,我们这个行业,门槛很高,没有10年入不了门,山寨也很困难!"
员工	文章/书评	德胜,二十年来的贡献(系列文章)	聂先生创立德胜管理体系和企业文化,我把它概括起来就是——"一个核心、两个基本点、三大管理特色、六大文化"
业主	文章、图片	业主:美制木结构住宅感觉真好	业主杨女士送来一面锦旗,对项目负责人程细进总监的工作进行了肯定与赞扬
访客	文章、座谈、读后感	2016年德胜全年共接待中外朋友3652人	①企业管理:员工素质管理是不可忽视的 ②工作流程:员工工作程序化,对员工工作的过程进行管理,提倡敬业认真 ③企业文化,德胜公司倡导的是诚实、勤劳、有爱心、不走捷径的核心价值观(《参观德胜公司有感》)

第5章 构建工匠精神对话过程体系模型

续表

文本主体	文本体裁	示例	观点
媒体	访谈	网易直播	①"工匠精神",就是工匠在手艺上有着无休止的追求——追求精细和准确,这也是手艺人的本分。工匠精神是离不开"手"和"心"的配合与协调的,是"手"与"心"合一的劳动 ②工匠是有自己的本分和操守的,他们会对自己的手艺活永不满足,手艺做到极致是他们一生的追求
	新闻报道	中国网、中国青年网、东方网等	2016年3月25日,在"2016·国际青年家具制作大奖赛"上,中国唯一参赛选手"匠士"徐长军在70多个国家参赛选手中脱颖而出,成绩突出,荣获评委会授予的技能(Technique)大奖
学者	论文、著作	哈佛案例等	众多学者从企业文化、组织管理制度创新、人力资源管理等方面进行理论和案例研究
咨询公司	文章	比拉迦管理技术的管理咨询公司	认真剖析德胜公司的系统管理,通过8年的努力,打造出了一套系统思维、系统管理的全套培训和咨询服务体系,将德胜管理体系研发成12大系统,在全国推广

由分析可见,首先,德胜领导者创造的文本形式最多元,正式与非正式渠道相结合。其中,正式渠道包括:发布公开演讲、定期召开制度会议、参与或举办全国性的论坛、工匠拜师仪式或毕业典礼;成立民间组织,以建筑、石刻等传递工匠精神。非正式渠道:德胜创始人聂圣哲先生通过个人公众号发表工匠精神相关的杂文、评论文若干篇。其次,员工、业主和访客制造的文本数量最多,也说明工匠精神在企业内部及利益相关者群体中得到广泛的认同。再次,在公司外部,媒体、学者和咨询公司制造的文

本传播范围最广、速度最快,有利于在全社会获得更多合法性,并将这种合法性论证传导、反哺到组织内部,内外部共同形成合力,并更加深层次地嵌入工匠精神对话之中。

此外,德胜洋楼公司注重建立与其他文本的联系,营造工匠精神的对话氛围。一是工匠精神与聂圣哲先生的教育思想互为支撑。他始终坚持"优秀是教出来的"教育理念。他在企业内部做了一系列教育实验,后又申请成立长江平民教育基金会,捐资办学。他创立了5所学校,倡导"养活教育""平民教育"。二是企业家精神的文本中,提倡质量为先,提出企业家的教育功能和奉献社会的企业责任。三是德胜公司实行"中国精造"战略,认为经济结构调整的唯一出路,是重振制造业,"普及精造精神,靠一流的产品质量,用50年的时间,变成精造强国"(见表5-3)。

表5-3 德胜洋楼其他文本示例

文本主题	示例
职业教育理念/养活教育	没有"人与人不分尊卑,各种职业不分贵贱"的社会风气,中国的职业教育永远搞不好 "未来的社会,知识的淘汰比大风翻书还快,时间最为宝贵。长时间窝在学校里除了浪费时间就是消耗青春。所以,所有年轻人必须在18~20岁进入高校,25岁之前走向社会,开始工作。不足的知识,可通过互联网上的'课件'等途径补充。必须把年轻人30岁之前的5~8年时间省下来(或者说抢救下来),以便在岗位上得到实践性的锻炼。"
职业教育理念/养活教育	"家庭教育首先是劳动教育。劳动教育解决了,人品、心情、鼓励教育都融在了里面。""养活教育正是基于生活能力培养的教育,在养活教育的基础上构建的教育体系可能就是'适合人的教育'。" "养活教育"要解决的第一个问题,就是把教育和读书分开。读书只是教育的一小部分,而不是一大部分;第二个问题是把教育与人的价值观培养结合起来

第5章 构建工匠精神对话过程体系模型

续表

文本主题	示例
有效教育	"管理的本质是教育，而教育要通过良好的制度来实现。有了好的制度环境，才能培养出高素质的员工。" "德胜是一家教育为先的公司，每一个职工来德胜都要被进行价值观及行为改造，改造后的德胜人变得彬彬有礼，变得勇担责任，变得做事认真，变得行为文明，这当然让别人产生世外桃源的感觉。"
企业家精神	作为一名企业家，首先要先谈"企业家责任"，其中包括四个层面：质量第一，是第一层面……人格平等是核心，是第二层面……老板也是老师，是第三层面……通过汗水获得利润，为社会做贡献，这是第四层面
"中国精造"战略	"制造业强大，才是一个国家实现强大的正途。""精造观念，以助中国制造尽早返回正途，在国际制造业舞台上扭转中国作为'世界工厂'的传统形象，进入中国工匠精神2.0时代。"

5.3.3 传承"匠魂"：工匠精神对话→工匠精神制度化

语言是制度化的基础，制度化是行动者相互作用并接受共同的现实定义的过程，通过构成现实定义的语言过程来实现。已有研究表明，对话内化为管理制度，从而推广管理实践，需要满足以下两个条件：一是选择合适、易于理解和接受的文本形式，且便于其他组织采用，有利于对话内部形成有机结构；二是文本能够引起对象的注意，引发其他对话，或与已经成熟的对话体系建立联系。

第一，德胜洋楼确立了《德胜员工守则》为公司"基本法"，"一事一程序，一事一规矩，一一对应。"员工守则帮助员工从农民向产业工人转型，不需要员工具有特别高的知识水平，也没有花哨的举措，而是从员工的切身利益和接受程度出发,将公司的规章制度和工作程序,分模块分类别一条条、一句句详细、浅显地列出,将公司的宗旨、政策、工作流程等一一落到实处,有章可循。

第二,召开制度学习会,每月两次。由公司的管理者带领员工们共同学习,并且每人轮流诵读。将员工聚集在一起,就是一个行动者共同接受共同定义的过程。不但对员工守则中的条文进行反复强化,并通过一起学习和讨论,构建工匠精神的语言系统,遵循顺从、接受、内化为价值观的形成过程。

第三,德胜洋楼的工匠精神广受其他企业的关注和认可。具体包括:首先,众多企业管理者来德胜洋楼参观学习,通过实地调研、举办座谈深切感受德胜洋楼的管理制度,具有较大的借鉴和启发作用。其次,诸多学者、咨询公司与德胜洋楼合作出版书籍(《德胜员工守则》,2005,2013;《德胜世界》,2009)、开发管理学案例推广德胜洋楼的管理实践。重庆工商大学管理学院徐世伟教授的案例《从农民到产业工人的嬗变——德胜公司的员工再造》(2014)在中国管理案例共享中心发表;还有《哈佛案例:工匠精神与德胜洋楼》(2016)《德胜洋楼:仆人式领导成就标杆企业》(2018)等。

第四,德胜洋楼工匠精神的培育顺应了外部环境需要,策应了国家政策方略。与倡导培育工匠精神、培养大国工匠、打造中国品牌,提升质量、实现工业4.0战略、制造业2050战略,以及党的十九大报告中建立现代经济体系的需求不谋而合;与成熟对话体系建立联系,并从中得到支持,提高了员工个体对工匠精神的认知水平和认同程度,有利于企业工匠精神制度化。

5.3.4　匠士行为→修辞→工匠精神制度化

如前所述，工匠行为—工匠精神文本—工匠精神对话—工匠精神制度化是工匠精神管理实践扩散的一条重要路径。修辞理论则从另一视角揭示了工匠行为到工匠精神制度化的中介机制，阐释了个体匠士行为唤起他人的感知、认知、认同，进而形成组织工匠精神机制。将对话制度理论和修辞理论二者整合，为探究工匠精神形成的过程机制提供了较为完整的逻辑框架。具体研究三类修辞及其发挥作用的轨迹，可以进一步分析出工匠精神对话过程体系中的手段、形式和条件。

第一，工匠精神对话中，聂圣哲先生注重调动员工情绪，引发情感共鸣。2016年3月27日晚上，在苏州工业园区邻瑞广场旺餐厅隆重举行了"任明宝、牛家海退休欢送会"。聂圣哲先生还提笔留言："赠任明宝退休：三十年情谊深厚，一万天略显短暂。"工作繁忙、身兼数职的领导者们，无一例外地出席了老员工的退休欢送会。这一举动不但让退休员工倍感温暖，也是利用情感唤醒让公司所有员工感同身受，形成对匠士的情感认同和角色认同。2016年，德胜新员工徐长军匠士荣获"2016·国际青年家具制作大奖赛"的技能（Technique）大奖，聂圣哲先生也亲自题赠了祝贺词。

第二，认知修辞始终贯彻在德胜洋楼的教育理念和规章制度中。德胜公司总是深入浅出地教育工匠：木材本身并不值钱，但制成产品就可大大增值。其中起关键性作用的是附着在木材上的技艺。在知识经济和智能时代，有一技傍身，可以踏遍四方，可以赚取财富。再如，《德胜员工手册》规定员工报账不需要签字审批，但与此同时也明确指出："您现在报销的凭据必须真实及

师带徒——工匠精神的内涵与培育

符合财务报销规则,否则都将成为您欺诈、违规或违法的证据,您必将受到严厉的处罚、付出相应的代价,这个污点将伴随您的一生。如果因记忆模糊而不能确认报销的真实性,请再一次认真回忆并确认报销凭证无误,然后开始报销,这是极其严肃的问题。"公司给予员工充分的尊重和信任,但是诚信这条准则必须遵守。

第三,规范修辞是工匠精神得以塑成的落脚点。德胜洋楼每月两次的制度学习会就是公司价值观内化的具体手段和途径。此外,公司每年还评选出德胜终身职工资格。评选的条件包括:在公司连续工作满10年,始终遵循德胜价值理念,且通过公司各项指标的评审。截至2018年1月,德胜公司共有256名员工步入终身职工行列。终身职工资格是德胜公司对该职工的庄严承诺,也是对职工的品德、能力及价值观的认可,获此称号的员工将享受终身员工的权益和福利。匠士的技艺和品德不是一朝一夕速成的,而是学习积累、认同、内化的过程。公司成立发展20年来,员工的离职率较低,甚至出现了新一批的"德二代"。

总之,匠士行为到工匠精神制度化遵循着情感修辞—认知修辞—规范修辞的过程。社会规范和习俗的力量是工匠精神制度化的关键所在,情感修辞和认知修辞又反过来进一步巩固、强化了德胜公司的工匠精神,有效整合这三类修辞,有助于将工匠精神制度化不断推向前进。

5.4 本章小结

5.4.1 企业形塑工匠精神的对话过程体系模型

综上，一方面，德胜洋楼公司有意识地从职业动机、职业态度和职业能力三方面对匠士行为进行意义的解读和建构，然后以《德胜员工手册》方式实现实用性和道德合法性。在工匠精神文本初步形成之后，动员多元主体加入文本制作，并呈现出多样化的文本体裁；与此同时，将工匠文化与德胜洋楼的职业教育理念对接，形成了主体多元、层次分明、丰富充实的工匠精神文本体系。使文本与对话体系结构契合，工匠精神文本更加深入地嵌入工匠精神的对话之中。最后，善用宏观政策的外部环境，产生支持性对话，增强对话转化制度的能力，最终实现工匠文化制度化。另一方面，匠士行为到工匠精神制度化主要是依靠唤醒组织内员工情感修辞、认知修辞、规范修辞来实现的。基于以上分析，本研究分两条路径，构建工匠精神对话过程体系模型（见图5-2）。

5.4.2 理论意义与实践启示

理论意义：其一，在研究对象上，对工匠精神的构念进行了拓展分析，包括个人工匠精神的内涵和组织层面的工匠精神。组织层面的工匠精神的形塑在以前的研究中鲜有涉及，运用德胜洋楼的单案例展开研究具有一定的典型性和启发性。其二，与组织学习理论相比，制度对话理论揭示了语言在个

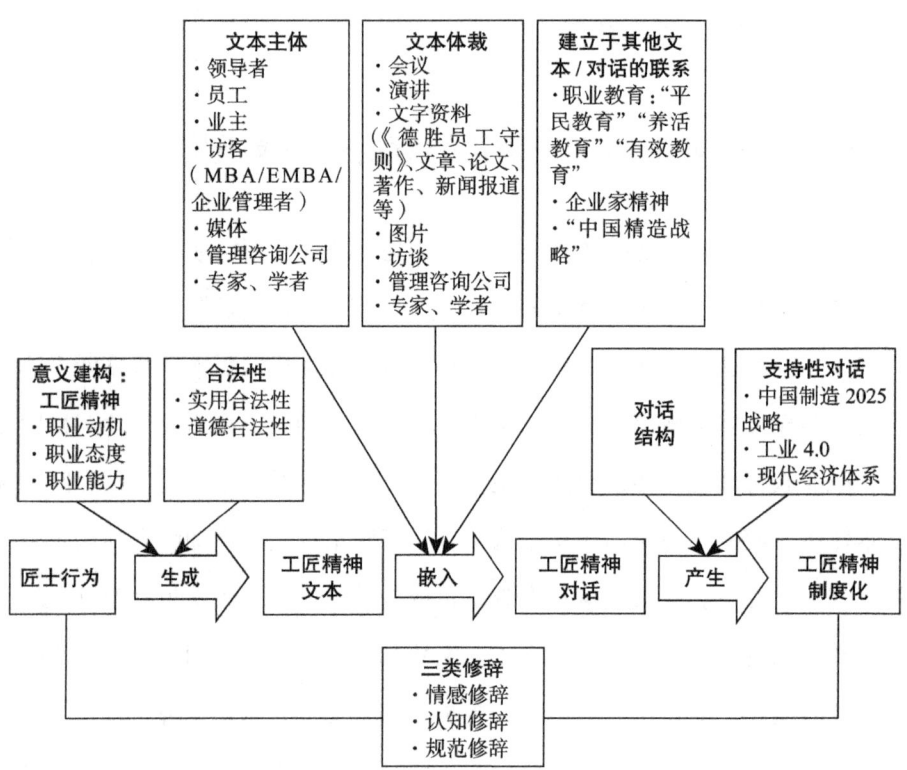

图 5-2　工匠精神对话过程体系理论模型

人行为到组织制度过程中重要的桥接作用。组织学（Organizational Learning，OL）理论的"4I"模型认为，组织内知识的产生是一个由个体员工直觉（Intuiting）和解释（Interpreting）开始，到整合（Integrating）团队内其他成员的观点，最终到整个组织制度化（Institutionalizing）的跨层学习过程。组织学习理论视角更多地强调了工匠精神解释和整合的过程，却未能突出语言、对话的作用。制度对话理论和修辞理论的视角，不但能描述组织制度化的过程，

第5章 构建工匠精神对话过程体系模型

还能较为完整地阐明通过语言说服，引起情感、认知和价值观上的共鸣，从而打开了工匠精神制度化发展演变的"黑箱"，为理解工匠精神的孕育、产生和发展过程提供了一个全新的视角。

实践启示：其一，构建支持性对话体系。将工匠精神的理论研究与企业实践对比，可以发现德胜洋楼公司在构建工匠精神对话体系中，对各种体裁对话的结构构成机制，以及与内外部环境的契合关系的剖析较为欠缺。如前所述，对话制度化的过程对于形成具有整合协同的对话结构至关重要，但此案例中涉及较少。且除了策应"中国制造2025"等发展战略，案例中对行业内环境及技术特点的呈现较为有限，支持性对话构建还不够充分。除了支持性对话提供正向的影响之外，还应加入竞争性对话，引发对话兴趣，从正反两个方面，扩大对话的范围，加强对话强度，增大工匠精神对话的影响力。其二，归纳培养组织层面工匠精神的具体建议。即在企业内部建立一个领导者推动、内外部联动的工匠精神对话体系。其具体措施包括：有意识地识别企业倡导的工匠行为；鼓励更多人参与对话，多形式、多元主体，特别是发挥领导者的引领作用；配合相关的政策、企业规章制度，如制度学习会、激励政策等保证对话的有效进行，等等。

第6章 企业师徒制对新生代员工主动性行为的影响机制研究

本章将在前文理论研究和案例研究的基础上,首先分析新生代员工的特点,并且将紧扣工匠精神的创新内涵,基于自我决定理论深入探索企业师徒制对员工主动性行为方面的影响机制。由于直属指导,导师即直接上级,也是一种较为特殊的指导关系。在实证研究中,本章还分别探讨了服务型领导、包容型领导对员工主动变革行为方面的影响机制,较充分地验证了指导关系对员工的积极效应。

6.1 新生代员工的特点

学者们普遍认为,改革开放、计划生育、市场经济、科技发展、网络通信、全球多元化等时代背景(周石,2009),为新生代员工营造出一个经济生活富足、

第6章 企业师徒制对新生代员工主动性行为的影响机制研究

政治环境稳定、社会经济开放、文化结构多样的成长环境（魏水英，2009），形塑了新生代员工独特的工作价值观及职场行为表现。

"新生代"（Millennial）是指出生在20世纪80年代、90年代的工作者（李燕萍，侯烜方，2012）。在本研究中，新生代学徒更多的是目前正在受高等职业教育的学生或者未来接受职业教育的学生，他们的出生年限大概在2000年前后，大多延续了"80后""90后"的特征，且相较于"80后""90后"，新生代特征更为明显和突出。这是因为，他们是网络的原住民，更多地受到了网络媒介的影响，成长环境更开放、宽松。随着中国经济的飞速发展，政治经济生活日趋稳定，新生代生活中越来越倾向于"自我"的价值定位，在工作中"自主"的行为取向也日渐突出。潘连柏和胡水兵（2015）通过700份调查问卷调研认为，新生代是"自主人"的人性假设，且有别于传统的工业时代经济人、社会人、自我实现人、复杂人等人性假设理论。新生代崇尚自由平等，其行为动机往往取决于自我的主观感受。其具体包括：追求薪酬福利，但不再是唯一追求，视薪酬为自我价值的体现；渴望在工作中获得成长，但能忍受的发展周期较短；员工与组织不是从属关系，权力距离较小；与其他代际相比，新生代很关注工作环境。

国外的研究者将新生代（千禧一代）与传统主义者、婴儿潮一代、X世代进行对比，得出如下结论（见表6-1）。

表6-1 新生代员工的代际特点

传统主义者	工作努力；忠诚（对国家和雇主）；服从（尊敬权威，不惹是生非）；抵制变革；受到新技术的挑战

师带徒——工匠精神的内涵与培育

续表

婴儿潮一代 （出生在1945—1965年）	以工作为中心（工作极其努力，以职业成就来定义自己）；独立（自信、自力更生）；以成就为导向；好竞争（想要胜利）
X世代 （出生在1965—1979年）	以自我为中心（独立、机敏善变、珍视自由和责任，藐视权威和固定工作时间）；善于应用新技术；灵活（善于随机应变，更乐意去改变雇主，能够容忍另类的生活方式）；注重工作与生活的平衡（"工作是为了更好地生活，而不是活着是为了工作"）
新生代（Y世代，千禧一代） （出生在1980—2000年）	科技达人；以家庭为中心（愿意放弃高薪以换取更少的工作时间，更灵活的工作日程和更好的生活与工作的平衡）；以成就为导向（雄心勃勃、自信，对雇主有着很高的期望，寻求新的挑战）；质疑权威；以团队为导向（珍视团队合作，渴望被接纳，寻求他人的支持与肯定，渴望被关注）

6.2 指导关系对员工主动性行为的影响

主动性行为是个体做出的旨在改变自己或情境的一种自发的、有预见性的行为。动态环境中，员工的主动性行为是主动适应变革、实施变革，服务组织并实现自我价值的重要基础，对组织的持续发展、个人的职业发展及幸福感具有重要意义。因此，企业采取何种组织策略激发员工自我成长需求，采取主动性行为，符合组织的期待也是组织社会化实践中迫切需要解决的问题。

指导关系（Mentoring）是导师与员工之间深入互动的发展型关系。已有研究表明，指导关系不仅给员工带来薪资、福利和晋升等物质性收益，而且在提升职业成就、实现组织社会化及降低离职倾向等方面均具有积极作用。但目前来看，指导关系对员工主动性行为影响的研究还鲜有涉及。回顾文献

第6章 企业师徒制对新生代员工主动性行为的影响机制研究

可知,指导关系的职业支持、社会心理支持和角色模范功能,经由认知和情感两方面对员工态度和行为产生影响。指导关系不仅强调对员工的职业发展指导,且具有情绪支持功能,关心员工幸福感的塑造。以往研究中,指导关系对员工影响效应的中介变量主要集中在心理安全感、组织认同及组织自尊等认知层面,并未同时关注情感和认知两方面的影响。因此,本研究认为指导关系对主动性行为的作用机制应该整合情感和认知层面的积极影响,沿着这个思路深入探究。

施普赖策等人提出了工作繁荣的概念,它是指个体在工作中同时感受到活力和学习的心理状态。工作中个人成长的整合模型(Integrative Model of Human Growth at Work)指出,自主决策、信任和尊重、积极情感资源等情境因素通过满足个人自主(Autonomy)、能力(Competence)和关系(Relatedness)需求,带来工作繁荣感。指导关系作为一种发展型关系,通过知识学习、增强效能感和提供支持性关系帮助员工达到旺盛和奋进的状态。且工作繁荣中的活力和学习能够提升员工从事主动性行为的意愿和能力。由此推断,工作繁荣在指导关系与员工主动性行为之间起传导作用。

进一步地,虽然指导关系可能对员工的工作繁荣产生积极影响,但不同员工的工作繁荣程度可能存在差异。作为一种工作资源,指导关系的效用与师徒双方个人的需求、偏好、特征密切相关。学习目标导向集中反映了个人获取知识技能的内部动机。戈什元分析表明,员工的学习目标导向是指导关系质量的重要前因,然而目前学术界对于学习目标导向如何作用于工作繁荣,进而影响员工的态度和行为仍缺少深入研究。为了明晰学习目标导向的作用,本研究试图回答学习目标导向作为调节变量,如何影响指导关系与员工工作繁荣之间关系的问题。鉴于现有研究的不足，基于自我决定理论，本研究旨在探讨指导关系通过工作繁荣影响员工主动性行为的过程机制，关注学习目标导向的权变作用，进一步揭示指导关系、工作繁荣和主动性行为之间的相互作用机理。

6.2.1 文献回顾和假设提出

6.2.1.1 指导关系对员工主动性行为的影响

指导关系是经验、知识、技能相对丰富的资深者（导师）向经验、知识、技能相对匮乏的员工提供指导、咨询以及社会心理支持，这是导师与员工之间建立的一种发展型人际交换关系。作为与员工互动频繁的工作角色，导师对员工行为塑造和内在工作体验具有重要影响。德西和墨安提出的自我决定理论（Self-Determination Theory，SDT）深入探讨了外部动机和内部动机的关系，并指出激发内部动机特别是自主性动机是组织行为管理的关键所在。该理论认为，组织环境如果能够满足个体自主需要、能力需要和关系需要，就会促使自主性动机形成；并基于自主性动机，触发更多的主动性行为。

指导关系对员工主动性行为的积极影响主要包括以下三个方面：第一，导师通过传导知识帮助员工增长经验和技能，满足员工的能力需要，使其更好地胜任工作。导师对知识转移的作用特别是隐性知识传授，能够提高员工的认知水平和经验程度，加强自身知识能力建设，降低员工犯错的概率，减少试误的成本。第二，指导关系中的社会心理支持功能满足员工的关系

第 6 章　企业师徒制对新生代员工主动性行为的影响机制研究

需要，促进员工组织社会化。一方面，导师给员工的咨询、友谊、支持和信任等心理资源有助于员工建立良性的人际互动，增强心理安全感、自我效能感；另一方面，导师通过向员工传递组织的价值观和规范，促使其态度、行为与组织保持一致，培育员工的组织认同。同时，导师重视员工职业成长和幸福感的态度亦能增强其价值感和尊重感，提升员工的组织认同水平。当员工归属感增强时，就会将自己的目标、价值观与组织相联系，将组织期待的行为整合到自我之中，更倾向于提出建设性的想法或从事改变工作流程等主动性行为。第三，导师提供角色示范，以身作则、树立榜样，有助于满足员工自主需要。研究表明，支持性、信息性的环境可以增强内部动机。通过建立指导关系，导师帮助员工自我调整，减轻角色和组织压力，应对冲突和变化。员工自我效能感增强并具备解决困难的条件，则倾向于采取自主、创新的方法来完成工作，主动承担责任，能动地适应环境和组织变革。此外，通过挑战性的任务安排暴露其工作中的问题，并及时给予反馈和培训，能够减弱下属从事主动性行为的焦虑和担忧。综合以上论述，提出假设 1。

假设 1：指导关系对员工主动性行为具有显著的正向影响。

6.2.1.2　工作繁荣的中介作用

如前所述，工作繁荣是一种活力和学习的心理状态。活力和学习两要素对应着个人成长过程中情感和认知体验，活力是一种能量充沛和向上奋进的感觉，学习描述的是通过获取知识技能来提升能力和构建自信的感受。工作中个人成长的整合模型指出，自主决策、信任和尊重的氛围会通过满足个体自主、能力和关系三种心理需求，涌现出工作繁荣感。作为一种情境因素，指导关系能够构筑一种自主、信任和充满归属的组织氛围，因而对员工的工作繁荣状态具有正向影响。这是因为：首先，导师给员工安排挑战性的任务和技能发展的机会，鼓励其参与组织决策，将进一步增强其工作自主性。其次，员工通过学习和模仿导师来塑造自己的信仰、行为及价值观等，指导关系本身又致力于实现员工的发展，继而呈现出促进的导向。这个过程会使员工逐渐形成作为组织成员富有价值且重要的自我概念。与此同时，在人际互动中，导师重视员工的贡献和作用也会提升其能力感。再次，导师与员工建立个人友谊，营造出信任和尊重的氛围满足了员工的归属需求，有助于提升员工的幸福感。当员工的自主、能力和关系需求得到满足后，便会达到更高水平的工作繁荣。

指导关系带来的繁荣感不仅能够促使员工不断学习、建立自信，而且自我学习也能增强其识别组织问题和改进组织现状的能力。一方面，能力带来的自我效能感使得员工相信自己能够影响工作环境，且有信心面对主动性行为过程中的挫折、困难等，员工主动性行为的意愿更强。另一方面，根据拓展—建构理论（The Broaden-and-Build Theory of Positive Emotions），积极情绪能够拓展思维，提供认知灵活性，加强个体对可能带来积极后果的行为倾向。积极情绪与员工制订计划、展望未来、实施改变和反思变革等主动性行为呈显著正相关。李等人的研究也证实了工作繁荣与变革导向的公民行为呈显著正相关。因此，员工体验到的活力及积极情绪能够进一步提升主动性行为的意愿。因而，工作繁荣中的学习与活力分别从能力和动机上对主动性行为产生积极影响。综上，本研究认为，指导

第 6 章　企业师徒制对新生代员工主动性行为的影响机制研究

关系促使员工获得工作繁荣的体验，进而做出更多的主动性行为。基于以上论述，提出假设 2。

假设 2：工作繁荣在指导关系与员工主动性行为间起中介作用。

6.2.1.3　员工学习目标导向的调节作用

权变理论学派认为，在研究领导影响下属的过程中要综合考虑下属的个人特征、任务和组织等方面的因素。由于中国文化的高权力距离属性，中国情境下的指导关系与领导—下属关系颇为相似。本研究中，员工的工作繁荣状态，除了受指导关系这一情境因素的影响外，其个人特质——学习目标导向也会影响员工对外界环境的解读和反应。学习目标导向是个人通过学习获取新知、技能的态度和倾向。高学习目标导向的个体希望通过习得新知、提高技能，实现自我发展。高学习目标导向的个体注重学习，乐于接受挑战性的任务，这种动机特点与指导关系所供给的职业成长和发展机会等资源相匹配，因而能激发更高的活力和学习热情，工作繁荣水平更高。相反，低学习目标导向的个体认为，完成基本工作任务与职责、规避差错和风险是最重要的，指导关系带来的学习和发展机会与低学习目标导向个体的需求不匹配，从而导致较低的工作繁荣感。总之，个体对资源的评价差异及利用水平取决于资源特征与个人需求的匹配程度，指导关系提供的发展和学习资源迎合了高学习目标导向的类群需求，因此，能够涌现出更多繁荣感。基于上述分析，笔者提出假设 3。

假设 3：学习目标导向对指导关系与工作繁荣间的关系具有调节作用。员工学习目标导向水平高的情况下，指导关系对员工工作繁荣的正向影响更强。

结合假设 2 和假设 3 所涉及的关系，本研究进一步推断员工的学习目标导向会调节工作繁荣在指导关系与员工主动性行为间的中介作用，构成了被调节的中介效应。具体来说，当员工学习目标导向水平高时，指导关系对员工工作繁荣的影响更大，那么经由工作繁荣传导的指导关系对员工主动性行为的间接影响就更强。反之，当员工学习目标导向水平低时，指导关系与员工工作繁荣的关系较弱，通过工作繁荣传导的指导关系对员工主动性行为的正向影响也会减小。

假设 4：员工学习目标导向对工作繁荣在指导关系与主动性行为之间的中介作用具有调节效应。在员工学习目标导向水平低的情况下，工作繁荣的中介作用更弱。

基于以上假设，提出本研究的理论模型 1（见图 6-1）。

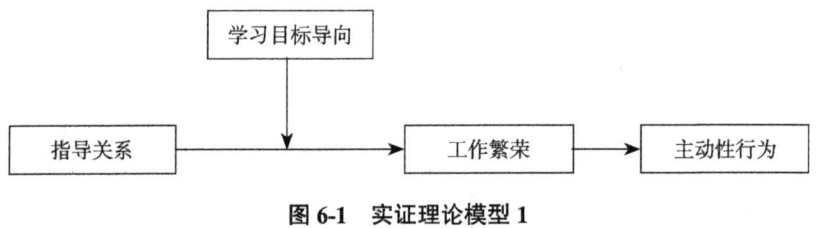

图 6-1 实证理论模型 1

6.2.2 研究设计

6.2.2.1 样本选取和数据收集

本研究以江西省南昌市、景德镇市的企业员工为调查对象。问卷调研时间为 2018 年 2 月至 2018 年 3 月，主要通过电子问卷的方式收集数据，所有

第6章 企业师徒制对新生代员工主动性行为的影响机制研究

题项均由员工自我报告。正式调研前,研究团队于2018年1月底到部分企业与人力资源部门对员工进行访谈,确保员工明晰题项和语义,并沟通相关注意事项。未去到现场的企业也通过电子邮件和电话向人力资源部门详细传达了注意事项。笔者在时点1(2018年2月)收集员工的个人背景信息、指导关系、工作繁荣及学习目标导向的数据。一个月后的时点2(2018年3月)获得了员工主动性行为的数据。T1时点发放问卷420份,得到367份有效问卷,问卷的有效回收率达87.3%。T2时点最终回收有效问卷316份,总的有效回收率为75.2%。有效研究样本中,男性员工151名,占47.8%,女性员工165名,占52.2%;年龄方面,20~29岁占多数;学历方面,高中及以下12人(占3.8%),专科55人(占17.4%),本科218人(占69.0%),硕士及以上31人(占9.8%)。平均任职年限为1~3年。

6.2.2.2　变量测量

本研究中的所有测量工具均来源于国外权威期刊上发表的量表。指导关系采用斯堪杜拉和拉金斯开发的量表进行测量,共包括9道题项,示例题项如"导师会帮我调整职业目标"。工作繁荣采用波拉斯等编制的10题项量表进行测量,示例题项如"在工作中,我常感觉充满活力"。员工主动性行为采用格里芬等开发的3题项量表进行测量,示例题项如"我提出改进方法以完成核心任务"。学习目标导向采用范德维尔开发的5题项量表进行测量,示例题项如"我常寻求发展新技能与新知识的机会"。本研究选取性别、年龄、受教育程度和任职年限作为控制变量。以上变量均采用Likert 5点量表打分,其中1代表"非常不同意",5代表"非常同意"。

6.2.3 数据分析和假设检验

6.2.3.1 信效度及共同方法偏差检验

首先，采用SPSS19.0对研究中涉及的量表进行信度检验，结果显示，指导关系在本研究中的内部一致性系数为0.920，工作繁荣的内部一致性系数为0.865，主动性行为的内部一致性系数为0.916，学习目标导向的内部一致性系数为0.883。为了检验研究中关键变量之间的区分效度，采用了Mplus7软件对关键变量进行了验证性因子分析。结果表明，四因子模型的拟合指标优于其他比较模型（χ^2=287.913，χ^2/df=1.972，CFI=0.955，TLI=0.947，SRMR=0.042，RMSEA=0.055），这表明研究中涉及的四个变量间具有良好的区分效度，分别代表了四个不同的构念。

鉴于本研究的数据均来自员工自我报告，可能存在同源方法偏差问题，所以进行了Harman单因子检验，结果显示第一个因子解释的总变异量占32.175%，低于50%的临界标准，同源方法偏差在可接受的范围内。

6.2.3.2 描述统计和相关分析

对变量的均值、标准差和相关关系进行分析，结果显示：指导关系与工作繁荣显著正相关（$r = 0.314$，$p < 0.01$），与主动性行为显著正相关（$r = 0.362$，$p < 0.01$）；工作繁荣与主动性行为显著正相关（$r = 0.385$，$p < 0.01$）；学习目标导向与指导关系、工作繁荣和主动性行为的相关关系分别为$r = 0.340$（$p < 0.01$），$r = 0.209$（$p < 0.01$），$r = 0.168$（$p < 0.01$）。以上结果与理论预期相符，初步验证了研究假设。

第6章 企业师徒制对新生代员工主动性行为的影响机制研究

6.2.3.3 假设检验

本研究采用层级回归法检验模型，分析结果如表6-2所示。

首先，主效应检验：由模型6可见，指导关系对员工主动性行为有显著的正向影响（$\beta = 0.356$，$p < 0.001$），假设1得到支持。

表 6-2 假设检验结果

变量		工作繁荣				主动性行为			
		模型1	模型2	模型3	模型4	模型5	模型6	模型7	模型8
控制变量	性别	0.110	0.134*	0.140**	0.008	−0.016	0.008	−0.060	−0.035
	年龄	0.030	0.081	0.078	0.100	−0.171*	−0.119	−0.183	−0.145
	学历	−0.015	−0.026	−0.014	0.065	−0.011	−0.022	−0.005	−0.014
	任职年限	−0.038	−0.129*	−0.120	0.055	0.109	0.016	0.124*	0.057
自变量	指导关系		0.349***	0.307***	0.348***		0.356***		0.246***
中介变量	工作繁荣							0.398***	0.316***
调节变量	学习目标导向			0.117*	0.229***				
	交互项								
	指导关系×学习目标导向				0.171**				
	R^2	0.014	0.128	0.140	0.178	0.022	0.142	0.178	0.229
	ΔR^2		0.115***	0.012*	0.038**		0.120***	0.156***	0.087***
	F	1.076	9.127***	8.404***	9.534***	1.788	10.268***	13.471***	15.292***

注：$N=316$，***$p < 0.001$，**$p < 0.01$，*$p < 0.05$。

其次，中介效应检验：模型2中指导关系对工作繁荣的正向关系显著（$\beta = 0.349$，$p < 0.001$）。模型8显示，当加入工作繁荣后，指导关系对员工主动性行为的正向影响作用由0.356（$p < 0.001$）减小为0.246（$p < 0.001$），且工作繁荣的回归系数依旧是显著的（$\beta = 0.316$，$p < 0.001$）。根据巴伦和肯尼的中介作用检验方法可知，工作繁荣部分中介了指导关系与员工主动性行为间的关系，假设2得到支持。

此外，采用Process插件进行Bootstrapping分析，以判断间接效应的显著性。分析结果表明，95%置信区间（[0.069, 0.182]）不包含0，间接效应显著，间接效应值为0.150。在控制了中介变量后，指导关系对员工主动性行为的直接效应仍然显著，95%置信区间（[0.148, 0.377]）不包含0，说明该中介作用为部分中介，假设2得到验证。

再次，调节效应检验：模型4中，乘积项指导关系×学习目标导向的回归系数显著（$\beta = 0.171$，$p < 0.01$），这说明学习目标导向显著调节了指导关系与工作繁荣之间的关系，验证了假设3。为了更直观地展现学习目标导向在指导关系与工作繁荣间的调节作用，本研究绘制了调节效应图（见图6-2），从图6-2中可以看出，员工学习目标导向水平越高，指导关系对员工工作繁荣的影响越强，高学习目标导向的直线斜率明显大于学习目标导向水平低的情况。

最后，被调节的中介效应检验：分析当员工学习目标导向水平不同时，工作繁荣在指导关系与主动性行为之间中介效应的强弱情况。运用Bootstrapping进行1000次重复抽样，得到高学习目标导向和低学习目标导向下的直接与间接效应非标准化路径系数。结果显示，学习目标导向水平高的员工中，指导关系经工作繁荣对员工主动性行为产生的间接影响为0.095，且

第 6 章　企业师徒制对新生代员工主动性行为的影响机制研究

在 $p<0.01$ 水平显著;反之,当学习目标导向水平低时,该间接效应为 0.024,在 $p>0.05$ 水平显著,同时,两个间接效应的差异为 0.07,在 $p<0.05$ 水平显著,因此,假设 4 亦得到支持。

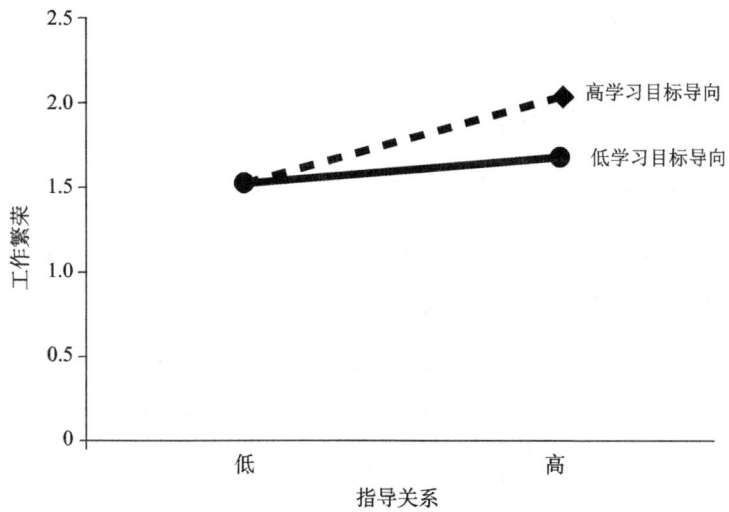

图 6-2　学习目标导向对指导关系与工作繁荣的调节效应图

6.2.4　结论与展望

6.2.4.1　研究结论

本研究基于自我决定理论,探讨了指导关系对员工主动性行为的作用机制及边界条件。通过 316 份有效样本的数据分析,得出以下研究结论。

(1) 指导关系能够促进员工做出更多的主动性行为。

（2）工作繁荣在指导关系与员工主动性行为之间起部分中介作用。

（3）学习目标导向在指导关系与工作繁荣之间起正向调节作用。员工的学习目标导向水平越高，指导关系对工作繁荣的作用更强。

（4）员工的学习目标导向水平越高，工作繁荣在指导关系与主动性行为之间所起的中介效应就越强。

6.2.4.2 理论贡献

第一，从自我决定理论视角出发，阐释了指导关系对员工主动性行为的正向影响机制。近年来，诸多学者开始关注指导关系对员工组织公民行为、创造力的内在作用机制，但多局限于社会认知、社会认同和社会交换等视角。本研究以工作中个人成长的整合模型为基础，从自我决定理论视角指出导师给员工传输知识、提供挑战性工作、指导、友谊及角色榜样等指导功能满足了员工的能力、关系、自主需求，进而产生活力和学习的内在体验，涌现出较高的工作繁荣感。由此，指导关系通过工作繁荣，提升员工主动性行为的能力和动机，促使员工采取主动性行为。

第二，引入了工作繁荣作为中介变量，综合考虑了指导关系中认知和情感层面的影响。以往研究仅是分别考察指导关系中认知和情感的因素，尚未将二者整合加以讨论。具体而言，本研究的中介变量工作繁荣包含了学习和活力两个维度，较好地突出了指导关系作为积极工作资源的正面效应，不但能够提供知识技能等物质资源增强员工采取主动行为的能力，而且通过支持性的情感、接纳和认可等情感资源，提升了员工的自我效能感，促成员工实施主动性行为的动机。

第6章 企业师徒制对新生代员工主动性行为的影响机制研究

第三,考察了学习目标导向对指导关系与工作繁荣间关系的调节作用。已有研究主要探讨了组织发展氛围、权力距离导向等情境因素的调节作用,而指导关系作为一种情境资源,其价值与作用还取决于与个人偏好是否匹配。戈德沙尔克和索斯克研究指出,高学习目标导向的员工与导师学习目标导向相匹配,则会得到更高水平的社会心理支持。因而,员工的职业发展更佳、职业满意度更高。从该角度来看,本研究加深了指导关系如何影响员工主动性行为的认识,是对指导关系作用机制的一个拓展。

6.2.4.3 管理启示

第一,研究结果表明,指导关系对员工主动性行为具有显著的促进作用,这意味着企业应积极构建指导关系体系,加强对员工的职业发展指导和心理支持,帮助员工做出更多的主动性行为。第二,研究揭示了工作繁荣在指导关系与员工主动性行为间的传导作用,说明组织可通过提高员工的工作繁荣感,推动他们实施主动性行为。正如布朗等指出,挑战性的工作环境、信任关系、同事和主管的支持等情境特征是员工工作繁荣的重要前因。所以,关注员工职业发展,构建信任和尊重的组织氛围,认可他们的能力和贡献也是促进员工工作繁荣的有效方法。第三,研究还发现,学习目标导向对指导关系和员工工作繁荣间的关系具有正向的调节作用,这说明组织应区别对待不同目标导向的员工,注重个人需求与供给资源的匹配。具体来说,导师应给学习目标导向高的员工提供更多学习和发展的机会,指派挑战性的工作任务,而为低学习目标导向的员工提供安全的工作环境,保证他们完成角色内的常规工作。

6.3 服务型领导对员工主动变革行为的影响

日益复杂的动态环境下，组织呈现出分权化及重新定义员工工作角色的趋势。企业管理者不再仅仅要求员工能够高效地完成角色内任务，而是期望他们能挑战现状、做出更多的主动变革行为以维持组织的竞争优势。针对工作流程或方法发起的主动变革行为能够强化组织的适应性和长期生存能力。对员工自身而言，该行为的实施不仅能让员工获得更好的绩效评价、提高工作满意度和情感承诺，还可以帮助员工培育领导潜能和构建社会网络等。主动变革行为（Taking Charge）是指员工自发的，旨在改进组织运行、促进组织发生功能性变革所做的建设性努力。而丹等人（2013）认为主动变革行为是一种以确定和实施工作流程、产品和服务变革为目的的变革导向型组织公民行为。派克和柯林斯（2010）则将主动变革行为与建言行为、问题预防和个人创新归入员工的主动性行为范畴。尽管主动变革行为能够给个人或组织带来一系列积极的后果，但其挑战现状和风险性等特征与强调"人情""面子"及"和谐"的儒家文化相背离，所以现实情境中员工往往更愿意维持现状，而不想主动地发起变革行为。因此探讨主动变革行为的心理驱动力及管理者的激发作用则更具理论与实践意义。

回顾文献我们发现以往研究主要从三个方面考察了主动变革行为的影响因素，第一是个体层面的因素，如自我效能感、责任感、心理集体主义及心理特权等自我特征的影响。例如，麦考利斯特等人的研究就发现角色幅度感及角色效能感能显著提升员工主动变革行为的意愿。第二是组织支持感、分配公平和程序公平及组织发展实践感知等情境因素。例如，洛夫和达斯汀

第6章　企业师徒制对新生代员工主动性行为的影响机制研究

（2014）的研究还指出高质量的团队—成员交换和同事的支持是驱动员工主动发起变革行为的重要因素。第三是领导相关的因素，如领导—成员交换、授权型领导和变革型领导等。例如，李等人（2013）的研究发现下属感知到领导的代表性、团队认同、主动性人格和学习目标导向在团队导向的变革型领导对主动变革行为的影响中发挥负向调节作用。

总体看来，从领导层面探讨员工主动变革行为影响因素的研究还较为缺乏，而主动变革行为具有挑战性和风险性等特征，因此员工是否主动发起变革与领导是否支持和理解息息相关。服务型领导不仅关注员工的发展、尊重和信任员工，将下属的利益放在首位，而且还鼓励他们参与决策制定，因此服务型领导可能会激发员工做出更多利组织的主动变革行为。其次，主动性行为激励模型认为能力和动机是主动性行为的两个重要的影响因素。工作繁荣是个体体验到的活力和学习的一种心理状态，其中学习意味着通过知识和技能的获取来提升能力和自信，而活力代表充满能量和热情的感觉。尼森等人（2017）也指出工作繁荣所包含的活力和学习分别会提高员工从事主动性行为的意愿和能力。因此本研究推测工作繁荣可能在服务型领导与员工主动变革行为间起到桥梁作用。再者，主动变革行为挑战组织现状，有可能造成冲突和破坏人际关系，因此心理安全氛围的不同可能会造成服务型领导通过工作繁荣对员工主动变革行为的影响差异。鉴于此，本研究将立足于工作中个人成长的整合模型，探讨服务型领导对员工主动变革行为的影响机制，并关注心理安全氛围在此过程中发挥的权变影响。

6.3.1 文献回顾和理论假设的提出

6.3.1.1 服务型领导对员工主动变革行为的影响

格林里夫最早提出服务型领导的概念，他认为服务型领导具有关注和满足他人需求、强调将下属利益置于自身利益之上的特征。此后，诸多学者对服务型领导的内涵进行重新界定。利登等人认为服务型领导包括把下属放在首位、授权、帮助下属成长和成功、遵守道德规范、情绪抚慰、概念技能和为社会创造价值七个维度。迪伦多克则指出服务型领导应包含授权和发展下属、谦逊、真实、人际认可、提供指引和管家者六个特征。总体来讲，相比于其他领导风格，服务型领导更强调以利他为导向，是一种将员工利益放在第一位，帮助员工成长、发展和实现目标的领导模式。

服务型领导对员工主动变革行为的影响可以从以下三个理论视角进行解释。首先，从心理授权角度看，一方面，服务型领导帮助下属成长和发展，尊重和关心员工会让其员工认为自己是受重视的，因而会增强工作的价值感和意义感，而且向员工提供新技能和学习机会的行为也有助于自我效能和能力感的提升。另一方面，服务型领导鼓励员工参与决策制定则会提高自主决定感和影响力，因此服务型领导会增强员工的心理授权感。而心理授权所带来的自我效能感和自主性则会降低员工对主动变革行为的风险感知，所以主动变革行为的意愿会更强。其次，服务型领导为下属培育出的成长和发展的环境会给组织树立积极的外部形象，因此员工会认为组织是具有吸引力的，所以会对组织形成强烈的归属与认同感。而组织认同感会进一步强化员工与组织的心理联系，构建与组织命运共同体的意识，为了维持组织身份的一致

第 6 章　企业师徒制对新生代员工主动性行为的影响机制研究

性，员工也更乐意做出利组织的主动变革行为。此外，服务型领导对下属做出的关心、帮助和授权等一系列利他行为会使下属出于互惠规范，做出更多有利领导或利组织的积极行为予以回报，而主动变革行为就是一种外在的回报行为方式。因此，本研究认为服务型领导会对员工的主动变革行为具有积极的影响。综合以上，本研究提出如下假设 1。

假设 1：服务型领导对员工主动变革行为具有显著的正向影响

6.3.1.2　工作繁荣的中介作用

工作繁荣描述的是一种在工作中同时产生活力体验和学习体验的心理状态。这两个维度分别对应着个人成长过程中的情感和认知两方面的心理体验，活力体验是一种精力充沛和能量满满的感觉，而学习体验则代表通过知识和技能的获取所感觉到的成长。工作繁荣是一种个体的状态，易受工作情境的影响，施普赖斯等人（2012）基于自我决定理论提出的工作中个人成长的整合模型就指出自主决策、信任和尊重的氛围会通过自主、能力和归属三种心理需求的满足能促进个体的繁荣体验。作为一种重要的情境因素，服务型领导所提供的工作资源会导致员工工作繁荣状态的涌现。具体来说，服务型领导投入大量时间和精力了解下属的兴趣、能力和职业目标，将下属的成长和发展放在首位，为员工提供发展新技能的机会和任务效能的反馈，因此员工的能力需求感得到满足，也因工作的沉浸而体验到活力感。再者，服务型领导认可、尊重下属的感受和观点，塑造能发挥个人潜力和创造力的环境，并鼓励他们寻找方法来提升工作绩效。当员工被鼓励主动寻找学习和成长的机会时，他们会体验到更多的工作繁荣感。

服务型领导给予下属自主处理困难局面的自由度，鼓励他们参与决策制定也利于自主性需求的满足。此外，服务型领导关心员工的个人幸福感，积极与下属构建信任关系，为下属营造出安全、和谐的组织氛围则满足了追随者的归属需求。服务型领导作为一种情境因素满足了员工的能力、自主和归属需求，因而提升了工作繁荣水平。

当员工处于工作繁荣的状态，一方面通过不断的学习获取知识和建立自信，且自我学习也增强了员工识别组织问题和改进组织现状的能力。能力所带来的自我效能感使得员工相信自己能够影响工作环境、应对主动变革过程中的潜在挫折，所以员工的主动变革行为意愿更强。另一方面作为衡量内在动机的重要指标，员工体验到的活力及其包含的积极情绪也会激发起员工的主动行为意愿，这是因为根据拓展与建构理论，积极情绪可以拓展思维、提高认知灵活性，增强个体对能导致积极后果的行为倾向。邦定等人的研究表明积极情绪与员工展望未来与计划、实施和反思变革等主动性行为呈显著正相关。李等人（2017）的研究也证实了工作繁荣与员工变革导向的公民行为呈显著正相关。因此，本书认为工作繁荣会促进员工做出更多的主动变革行为。基于以上论述，我们提出假设2。

假设2：工作繁荣在服务型领导与员工主动变革行为间起中介作用。

6.3.1.3 心理安全氛围的调节作用

正如维德等人指出，主动变革行为属于建设性偏差行为的范畴，即为了组织或利益相关者的福祉，组织成员有意做出的违背组织规范的行为。由于主动变革行为本质上改变或挑战了组织现状，所以这种行为对组织有益但也

第6章　企业师徒制对新生代员工主动性行为的影响机制研究

可能会造成冲突和破坏人际关系。与建言行为相比，主动变革行为更强调行为的实施，而其包含的范围也比提出新颖的想法和技术的创新行为要广，所以对工作方法和流程等实施变革的行为风险更大。李等人（2015）的研究就发现对风险厌恶会弱化组织认同对员工主动变革行为的正向影响。因此员工是否实际做出主动变革行为还要取决于他们所处的工作环境是否安全。

心理安全感是指员工认为可以自由和真实表现自我，而不用担心其自我形象、地位和职业生涯遭受负面后果和打击的感知。贝尔和弗里斯将此概念拓展到组织层面，认为心理安全氛围是员工关于"组织支持成员进行开放式互动的正式或非正式的组织实践或程序"的共享感知。我们认为当感知到的心理安全氛围高时，员工可以积极投入到主动变革行为中，而不用担心行为失败可能带来的轻视、否定或惩罚等。再者，较强的心理安全氛围下，员工可以在一个值得信任的组织中大胆地说出自己的想法并将其付诸实践。正如前文所述，工作繁荣给员工提供了从事主动变革的能力和动机，而心理安全氛围则降低了员工从事该行为可能招致负面后果的顾虑，因此，员工的主动变革行为意愿会得到强化。反之，如果组织的心理安全氛围较低时，员工则会出于规避风险或自我保护的目的而不愿主动发起变革行为。基于上述分析，本书提出如下假设3。

假设3：心理安全氛围对工作繁荣与主动变革行为间的关系具有调节作用。在心理安全氛围水平高的情况下，工作繁荣对员工主动变革行为的正向影响更弱。

结合假设2和假设3所涉及的关系，本书进一步推断心理安全氛围会调节工作繁荣在服务型领导与员工主动变革行为间的中介作用，构成了被调节的中介作用。具体来说，当心理安全氛围水平高时，工作繁荣对员工主动变革行为的影响就越大，那么经由工作繁荣传导的服务型领导对员工主动变革行为的间接影响就越强。反之，当心理安全氛围水平低时，工作繁荣与员工主动变革行为的关系更弱，那么通过工作繁荣传导的服务型领导对员工主动变革行为的正向影响也会减小。

假设4：心理安全氛围对工作繁荣在服务型领导与员工主动变革行为之间关系的中介作用具有调节效应。在心理安全氛围水平低的情况下，工作繁荣的中介作用更弱。

基于以上假设，提出本研究的理论模式2（见图6-3）。

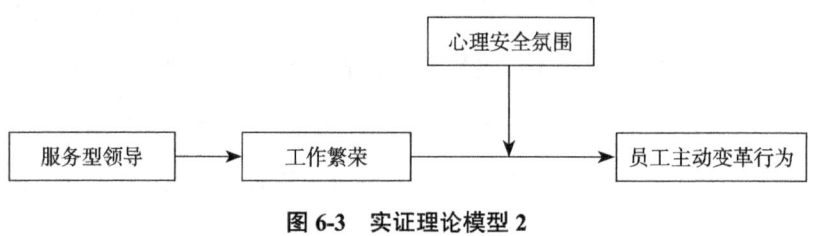

图6-3 实证理论模型2

6.3.2 研究设计

6.3.2.1 样本选取和数据收集

本研究选取来自江苏、安徽、上海等地的单位，包括国有、民营、外资企业的员工为调查对象。共计发放问卷370份，剔除无效问卷后得到有效问卷262份，有效回收率达70.8%。本研究的样本中，性别方面：男性员工104人，占总人数的39.7%，女性员工158人，占总人数的60.3%。年龄方面：平

第6章 企业师徒制对新生代员工主动性行为的影响机制研究

均年龄27岁。受教育程度方面：高中及以下17人，占总人数的6.5%；专科39人，占总人数的14.9%；本科163人，占总人数的62.2%；硕士及以上43人，占总人数的16.4%。工作年限方面：不足1年48人，占总人数的18.3%；1~3年115人，占总人数的43.9%；4~6年58人，占总人数的22.1%；7~10年22人，占总人数8.4%；10年以上19人，占总人数的7.3%。

6.3.2.2 变量测量

服务型领导采用森达贾雅等人编制的6题项量表进行测量，样题如"我的上司会帮助我个人的成长与发展"。工作繁荣采用波拉斯等人（2012）开发的10题量表，样题如"在工作中，我常感觉自己在学习""在工作中，我常感觉充满活力"。主动变革行为采用派克和柯林斯（2010）编制的6题项测量工具，样题如"我尝试为我单位或部门改进工作程序"。心理安全氛围采用埃德蒙森开发的7题项测量工具，样题如"在我们公司，没有人会因与众不同而受到排斥"。本书选取性别、年龄、受教育程度和工作年限作为控制变量。以上变量均采用李克特5点量表打分，其中1代表"完全不符合"，5代表"完全符合"。

6.3.3 数据分析和假设检验

6.3.3.1 信效度及共同方法偏差检验

首先，本书采用Spss19.0对研究中涉及的量表进行信度检验，结果显示，服务型领导在本研究中的内部一致性系数为0.738；工作繁荣的内部一致性系数为 0.887；主动变革行为的内部一致性系数为 0.83；心理安全氛围的内部一致性系数为 0.867。为了检验本研究中关键变量"服务型领导""工作繁荣""心理安全氛围"和"主动变革行为"之间的区分效度，我们采用 Mplus7 软件对关键变量进行了验证性因子分析。从表 6-3 中可看出四因子模型的拟合指标均优于其他比较模型（χ^2=484.36，χ^2/df=1.69，CFI=0.938，NNFI=0.930，SRMR=0.052，RMSEA=0.051），这表明本研究所涉及的四个变量间具有良好的区分效度，它们的确代表了四个不同的构念。

表 6-3 验证性因子分析结果

模型	χ^2	df	χ^2/df	CFI	NNFI	SRMR	RMSEA
四因子模型	484.36	286	1.69	0.938	0.930	0.052	0.051
三因子模型[a]	769.239	289	2.66	0.851	0.832	0.067	0.080
三因子模型[b]	864.143	289	2.99	0.821	0.799	0.094	0.087
二因子模型	1261.479	291	4.33	0.698	0.663	0.103	0.113
单因子模型	1531.154	292	5.24	0.615	0.571	0.112	0.127

注：四因子模型：包括服务型领导、工作繁荣、主动变革和心理安全氛围 4 个因子；
　　三因子模型[a]：将工作繁荣和主动变革合并为 1 个因子；
　　三因子模型[b]：将心理安全氛围和主动变革合并为 1 个因子；
　　二因子模型：将工作繁荣、心理安全氛围和主动变革合并为 1 个因子；
　　单因子模型：将四个变量合并为 1 个因子。

由于本研究中的数据均来自员工自我报告，因此为了检验共同方法偏差对研究结果的影响，笔者进行了 Harman 单因子检验，结果显示第一个因子解释的总变异量占 28.969%，低于 40% 的临界标准。因此本研究的共同方法偏差并不严重。

第6章 企业师徒制对新生代员工主动性行为的影响机制研究

6.3.3.2 描述统计及相关分析

表 6-4 呈现出本研究中变量的均值、标准差和相关关系矩阵。可以看出服务型领导与工作繁荣呈显著正相关（$r = 0.342$，$p < 0.01$），与主动变革行为呈显著负相关（$r = -0.335$，$p < 0.01$）；工作繁荣与主动变革行为呈显著正相关（$r = 0.397$，$p < 0.01$）；心理安全氛围与服务型领导、工作繁荣和主动变革行为的相关关系分别为 $r = 0.349$（$p < 0.01$），$r = -0.363$（$p < 0.01$），$r = -0.155$（$p < 0.05$）。结果与本研究的理论预期相符，故初步验证了研究假设。

表 6-4 各变量的均值、标准差和相关系数（N=262）

	均值	标准差	1	2	3	4	5	6	7
1. 性别	1.60	0.490							
2. 年龄	27.56	4.540	−0.062						
3. 学历	2.89	0.749	−0.051	−0.306**					
4. 工作年限	2.42	1.104	−0.063	0.690**	−0.432**				
5. 服务型领导	3.327	0.711	−0.016	−0.114	0.039	−0.111			
6. 工作繁荣	3.777	0.727	0.003	0.028	−0.038	−0.068	0.342**		
7. 心理安全氛围	3.374	0.812	0.067	−0.139*	−0.063	−0.097	0.349**	0.363**	
8. 主动变革行为	3.439	0.866	−0.099	0.039	0.084	0.069	0.335**	0.397**	0.155*

注：*、**、*** 分别表示 $p<0.05$、$p<0.01$、$p<0.001$（双尾检验），下同。

6.3.3.3 假设检验的回归分析

本研究采用层级回归法检验模型，分析结果如表 6-5 所示。

主效应检验：从表中的模型 4 可以看到，服务型领导对主动变革行为有显著的负向影响（$\beta = 0.347$，$p < 0.001$），因此，假设 1 得到支持。

表 6-5　层级回归分析结果

变量	工作繁荣		主动变革行为					
	M1	M2	M3	M4	M5	M6	M7	M8
性别	−0.005	0.004	−0.085	−0.076	−0.083	−0.078	−0.085	−0.070
年龄	0.141	0.166*	−0.017	0.008	−0.076	−0.048	−0.070	−0.074
学历	−0.082	−0.077	0.013	0.136*	0.166**	0.162*	0.169**	0.153*
工作年限	−0.201	−0.178*	0.132	0.156	0.217**	0.217**	0.216**	0.206*
服务型领导		0.344***		0.347***		0.230***		
工作繁荣					0.420***	0.341***	0.407***	0.450***
心理安全氛围							0.035	0.027
工作繁荣 × 心理安全氛围								0.168**
R^2	0.021	0.137	0.028	0.146	0.201	0.247	0.202	0.228
ΔR^2		0.116***		0.118***	0.173***	0.100***	0.174***	0.026**
F	1.359	8.135***	1.849	8.780***	12.861***	13.905***	10.743***	10.710***

中介效应检验：模型 2 中服务型领导对工作繁荣正向关系显著（$\beta=0.344$，$p < 0.001$）。模型 6 显示当加入工作繁荣后，服务型领导对主动变革行为的正向影响作用由 0.347（$p < 0.001$）减小为 0.23（$p < 0.001$），且工作繁荣的回归系数依旧是显著的（$\beta=0.341$，$p < 0.001$）。根据巴伦和肯尼的中介作用检验方法可知，工作繁荣部分中介了服务型领导与主动变革行为间的关系。

另外，我们采用海斯开发的 Process 插件进行 Bootstrapping 分析，以此判断间接效应的显著性，分析结果如表 6-6 所示，95% 置信区间不包含 0，间接效应显著，间接效应的效应值为 0.143。在控制了中介变量后，服务型领导对主

第 6 章 企业师徒制对新生代员工主动性行为的影响机制研究

动变革行为的直接效应仍然显著，95% 置信区间不包含 0，说明该中介作用为部分中介。因此，假设 2 也得到支持。

表 6-6 中介效应的 Bootstrap 检验

	路径	效应值	标准误	95% 置信区间	
间接效应	服务型领导→工作繁荣→主动变革	0.143	0.043	0.074	0.243
直接效应	服务型领导→主动变革（控制了中介变量）	0.280	0.071	0.140	0.420

调节效应检验：由模型 4 可以看出，乘积项工作繁荣 × 心理安全氛围的回归系数显著（$\beta = 0.168$, $p < 0.01$），这说明心理安全氛围显著调节了工作繁荣与主动变革行为之间的关系，假设 3 得到了验证。为了更直观地展现心理安全氛围在工作繁荣与主动变革行为间的调节作用，本书进行了简单斜率检验，以心理安全氛围的均值加减一个标准差为依据进行分组，均值加一个标准差为高心理安全氛围组，均值减一个标准差为低心理安全氛围组。结果发现，心理安全氛围高时，工作繁荣对主动变革行为的影响显著（$\beta = 0.697$, $p < 0.001$）；而心理安全氛围低时，工作繁荣对主动变革行为的影响也显著（$\beta = 0.361$, $p < 0.001$），进一步验证了假设 3（见图 6-4）。

为验证假设 4，本研究还进行了被调节的中介效应检验，有条件间接效应的 Bootstrapping 结果如表 6-7 所示。在心理安全氛围水平低、中和高的员工中，服务型领导经工作繁荣对主动变革行为产生的间接影响均达到显著性水平，因此假设 4 得到支持。

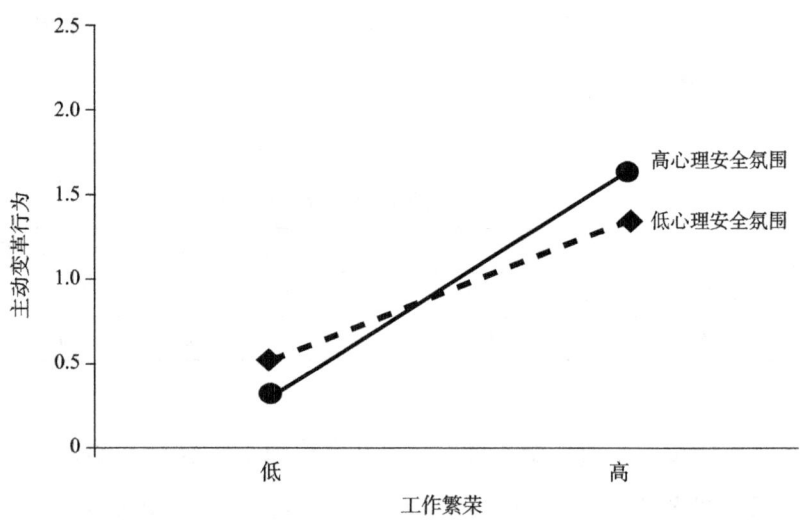

图6-4 心理安全氛围对工作繁荣与主动变革行为的调节效应图

表6-7 有条件的间接效应检验

调节变量分组	效应值	标准误	95% 置信区间	
低心理安全氛围	0.097	0.046	0.025	0.203
中心理安全氛围	0.161	0.043	0.086	0.257
高心理安全氛围	0.225	0.060	0.126	0.363

6.3.4 研究结论与讨论

本研究基于工作中个人成长的整合模型探讨了服务型领导对员工主动变革行为的影响，以及工作繁荣的中介作用和心理安全氛围的调节作用。具体来讲，本研究得出以下结论：①服务型领导正向影响员工的主动变革行为；②服务型领导通过提高员工的工作繁荣感进而正向预测员

第6章 企业师徒制对新生代员工主动性行为的影响机制研究

工的主动变革行为；③心理安全氛围强化了工作繁荣对员工主动变革行为的正向影响。

6.3.4.1 理论意义

第一，本研究首次证实了服务型领导对员工主动变革行为的促进作用，为主动变革行为的研究提供了新的解释途径。以往研究多从自我效能感、责任感、组织支持感等个人特征或组织情境的角度探讨员工主动变革行为的影响因素，对领导风格的触发作用依旧关注不多。虽然有研究指出授权型领导和变革型领导能够激发员工做出更多的主动变革行为，但服务型领导对该行为的正面积极作用却未得到实证研究的检验。本研究发现关心员工成长与发展、鼓励参与决策制定、将员工的利益放置第一位的领导服务行为能够促进员工做出主动改进工作程序等系列积极行为，丰富和扩展了主动变革行为的前因及服务型领导有效性的本土化研究。

第二，与以往服务型领导研究多借助社会学习理论或社会交换理论不同，本研究基于工作中个人成长的整合模型，创造性地将工作繁荣引入服务型领导与员工主动变革行为的关系中，发现领导对员工的服务行为可以满足其自主、能力和归属的需求，进而带来工作繁荣的内在体验。作为一种活力和学习的心理状态，工作繁荣一方面可使员工通过学习获得知识以提升发起变革的能力，另一方面活力和积极情绪则增强了员工自发做出主动变革的意愿。这与派克和柯林斯（2010）学者的观点一致，能力和意愿是促使员工做出主动性行为的重要的激励因素。

第三，本研究还讨论了心理安全氛围这一组织情境因素在工作繁荣与员工主动变革行为间的调节作用,即组织的心理安全氛围越高,工作繁荣对员工主动变革行为的正向影响就越强。与其他积极的工作行为不同,主动变革行为从本质上讲挑战并违背了现有的组织规范,因此在强调中庸、和谐的文化情境下,主动变革行为实施过程中更易遭到他人的反对,一旦失败也可能面临轻视或惩罚等。与以往研究多关注员工风险厌恶等个人特质不同,本研究遵循个体与环境交互的逻辑,选取心理安全氛围这一情境变量,以探讨其在工作繁荣影响员工主动变革行为过程中的权变作用,从新的视角拓展了主动变革行为形成过程的研究。

6.3.4.2 管理启示

变革的时代背景下,员工的主动变革行为成为提高组织适应性、驱使企业发展和保持竞争力的重要保障,因此如何激励和促进员工主动发起主动变革则成为企业管理者关注的重要议题。基于本书的研究结果,我们认为可以从以下几个方面着手。

(1)为驱使员工做出更多主动变革行为,组织管理者应多考虑员工的利益,给予更多的关心和支持,倡导领导为下属服务的企业文化。具体来讲,一方面领导应致力于下属的成长和发展,为其提供学习和技能发展的机会;另一方面授权下属职权,鼓励员工积极参与企业决策制定。同时,领导还应关注员工的幸福感,努力提高员工的归属感等。

(2)针对工作繁荣在服务型领导与员工主动变革行为间的传导作用,企业应积极采取措施来促进工作繁荣体验的涌现。例如给予员工社会支持以及时提供指导和信息反馈,提供挑战性的工作和展现才能的机会等。

第6章 企业师徒制对新生代员工主动性行为的影响机制研究

（3）在管理实践中，领导应包容下属的差错，信任和尊重员工，构建组织的心理安全氛围。

6.4 包容型领导对员工主动变革行为的影响

包容性的提出始于教育学，近年来在组织管理领域日益受到关注。包容型领导不仅鼓励员工自主工作、参与决策，而且认可其贡献，尊重员工，支持员工成长，并包容其失败。因此，包容型领导可能会激发员工做出更多利于组织的主动变革行为。其次，主动变革行为挑战组织现状，有可能冲突和破坏人际关系，包容型领导对员工的支持、认可、公平对待及容错机制能给员工提供心理安全感知的资源，能有效预测心理安全感认知（Hirakr, Peng, & Carmeli et al., 2012）。研究已表明，拥有心理安全感的个体更可能建言或参与创造性的工作（Carmeli, Reiter-Palmonr, & Ziv, 2010）。再次，主动性行为激励模型认为能力和动机是主动性行为的两个重要的影响因素（Parker, Bindl, & Strauss, 2010）。工作繁荣是个体体验到的活力和学习的一种心理状态，其中学习意味着通过知识和技能的获取来提升能力和自信，而活力代表充满能量和热情的感觉（Porath, Spreitzer, & Gibson, et al., 2012）。尼森、马德和斯特赖德（2017）等人也指出工作繁荣所包含的活力和学习分别会提高员工从事主动性行为的意愿和能力。因此，本研究推测工作繁荣可能在包容性领导与员工主动变革行为之间起到桥梁作用。鉴于此，本研究将立足于工作繁荣社会嵌入模型与社会信息处理理论，探讨包容性领导对员工主动变革行为的影响机制,关注心理安全感、工作繁荣的链式中介作用。

6.4.1 文献回顾及研究假设的提出

6.4.1.1 包容性领导与主动变革行为

在组织管理领域,纳姆巴德和埃德蒙森最早提出了包容型领导的概念。众学者从三个视角总结了包容型领导的概念:一是领导成员关系视角,包容型领导鼓励员工自主工作、参与决策,尊重员工,并认可员工的价值,理解员工需要,为其提供支持和咨询(Nishiil, Mayer, 2009;Carmeli, Reiter-Palmonr, & Ziv;2010);二是公平性视角,包容型领导的关键是在多样化背景下,平等地对待员工;三是文化背景视角,认为应包容员工的不同价值观、行为方式,并且能够容错(Tang, Jiang, & Chen, 2015)。由此可见,包容型领导是一种支持性、互动公平、容错包容的领导风格,是一种重要的组织情境变量,对其下属的行为具有重要影响(Gong, Huang, & Farh, 2009;Chen, Tsui, & Farh, 2011;Carmeli, Gelbard, & Reiter-Palmon, 2013)。

社会信息加工理论(Social Information Processing Theory)认为,社会环境中蕴含着影响个体态度和行为的各类信息,个体通过对社会情境的认知加工和解读采取适合的行为,即个体周围的环境因素在很大程度上决定其态度及行为。在工作场所内,领导者是员工重要的社会信息源,员工会将注意力集中在领导者身上,在领导者那里寻求线索(Boekhorst, 2015)。

第6章 企业师徒制对新生代员工主动性行为的影响机制研究

总体来讲,相比于其他领导风格,包容型领导在组织中构建了一个平等、包容、尊重的支持性氛围。一方面,包容型领导支持员工发展,为员工发展提供咨询、帮助,不断增强员工主动变革、适应环境的能力,蕴含着组织鼓励员工贡献、认可员工价值,促进其不断成长的信息;另一方面,包容型领导容忍员工不同意见,包容员工失败,彰显出组织包容、容错、鼓励创新的倡导,减少了员工变革试误的心理成本和物质成本,因而增加了员工采取主动变革行为的意愿。总之,员工根据组织情境的特点进行认知和解读,不断增强采取主动变革行为的能力和意愿,从而对主动变革行为具有正向影响,因此提出本书假设1。

假设1:包容型领导对员工的主动变革行为具有积极影响

6.4.1.2 包容型领导与工作繁荣

工作繁荣的社会嵌入模型(Spreitzer et al.,2005)指出,工作情境的社会结构特点和工作资源共同作用,并促进个体繁荣。基于自我决定理论(Self-determination Theory,SDT),包容型领导作为重要的组织情境,鼓励员工自主决策,并嵌入信任、尊重、认可的氛围中,满足员工胜任(Competence)、自主(Autonomy)、关系(Relatedness),有助于促进其繁荣。具体来说,首先,包容型的领导鼓励员工自主工作,参与组织决策,并营造一种尊重、支持的情境氛围,满足了员工的自主需要,将形成一股强大的促进繁荣的力量。其次,互动公平的环境有助于营造出一个平等、互助、宽松的环境,组织成员之间倾向于建立一种良性竞争与积极友爱的人际关系,满足员工关系需要,使个体体验到学习和活力。再次,容错、包容的工作方式与氛围有利于知识、观点在组织中交流、碰撞，信息共享、不断创新，而满足员工胜任需要，推动更多的繁荣。

另一方面，包容型领导提供的工作资源（如知识、情感、关系资源）有助于个人涌现繁荣状态。资源保存理论（Conservation of Resource Theroy，COR）认为，个体会努力获得、留住和保存那些对他们有关键价值的资源（Hobfoll，2001）。个体获得的工作资源是促使个体涌现繁荣状态的又一重要前因。包容型领导帮助员工达成工作目标，减少工作要求和生理心理的损耗，促进个人的成长与发展。其一，领导愿意倾听新的观点，鼓励采用新方法，分享新经验，则有助于员工更好地获取知识资源；其二，良好的领导—成员关系、互动公平的组织氛围、及时的咨询与反馈，正是员工认同组织，获取情感与关系资源的源泉，帮助个人成长与发展。因此，基于以上分析，提出本研究假设2如下。

假设2：工作繁荣在包容型领导与主动变革行为之间发挥中介作用

6.4.1.3 心理安全感的中介作用

心理安全感是员工对工作场所中人际风险结果的感知。心理安全感是一种放心、舒适的主观感知，当个体在心理上具有安全感则不会担心因展现自我、挑战上司的地位或人际冲突而造成消极影响，则更有可能采取建言或主动变革行动。反之，员工倾向于会沉默，或采取规避、被动的行为方式保护自我。

如前所述，领导风格是一种重要的情境因素。当领导行为更多展现出开放性（Openness）、易接近性（Accessibility）、可用性（Availability）特征时，

第6章 企业师徒制对新生代员工主动性行为的影响机制研究

员工的心理安全感会得到显著提升。根据社会信息加工理论,包容型领导的特征会成为组织的社会信息并传递给组织中的个体。组织中的其他成员会认为其具有合理性,并接纳此类信息,并随之效仿。因此,一方面,平等、包容、信任的组织氛围有助于提升员工心理安全感,促进个人学习。当组织面临变革或工作创新时,员工会消除创新失败的顾虑,倾向于提出新观点,利用新知识,采取新方法,或者通过寻求领导的支持和帮助避免犯错误,通过学习来提升能力、构建自信(Spreitzer, Porath, & Gibson, 2012)。另一方面,咨询建议、尊重、信任的领导行为及态度能够提升员工的心理安全感,涌现积极情绪,带来工作活力。心理安全可以帮助员工克服保守和学习的焦虑。因此,本研究认为,包容型领导对个体的心理安全感具有正向促进,进而对员工工作繁荣产生积极的影响,提出假设3。

假设3:心理安全感在包容型领导与工作繁荣之间发挥中介作用

6.4.1.4 心理安全感与工作繁荣的连续中介作用

在假设1、假设2、假设3的基础上,本研究进一步假设包容性领导通过提高下属在工作中的心理安全感,激发员工达到工作繁荣状态,最终采取主动变革行为。主动变革行为(Taking Charge)是旨在改善组织运行,促进组织发生功能性变革(如工作流程、产品、服务)的组织公民行为(Dan, Lorinkova, & Dyne, 2013)。

如前所述,根据社会信息加工理论,包容型领导的态度和行为为组织其他成员的认知和行为塑造提供了线索,为构建组织氛围奠定了基础。高质量的领导成员关系,平等、容错、尊重的组织氛围都有利于员工尽可能地展现自我，消除因挑战领导或人际冲突带来的负面效应的顾虑，产生较为稳定的心理安全感。沙因和本尼斯也指出，工作场所中的心理安全感是个体参与变革的必要条件。其次，心理安全感对工作繁荣产生积极影响。基于自我决定理论，心理安全能创造出工作情境，满足个体的胜任、自主、关系需求。研究表明，心理安全感分别对个体学习和工作活力有积极的影响。当员工可以大胆创新，即使犯了错误也不会受到苛责，他们的学习积极性就会提高。当组织环境对错误表现出宽容，领导会提供咨询、友谊、信任时，员工在工作时情绪更积极，更容易表现出活跃与激情。再次，当员工具有较高工作繁荣水平时，他们更有能力和动机进行主动变革。这是由于，一方面，积极学习和创新促使他们具备了在相关领域采取变革并抵御风险的能力；另一方面，工作中的活力状态促使他们更加期待工作的积极结果，并期望更加自主地变革工作内容及方式。实证研究指出工作繁荣感对员工的工作绩效、创造力和创新行为有显著的正向影响（Porath, Spreitzer, & Gibson, et al, 2012；Jaiswal, Dhar, 2015；Wallace, Butts, & Johnson, et al, 2016）。李、刘和韩等人的研究也证实了工作繁荣与员工变革导向的组织公民行为呈显著正相关。根据上述分析，本研究提出假设4。

基于以上假设，提出本研究的理论模型3（见图6-5）。

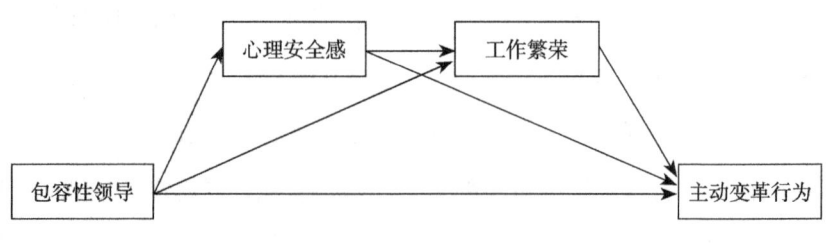

图6-5　实证理论模型3

第 6 章　企业师徒制对新生代员工主动性行为的影响机制研究

假设 4：心理安全感与工作繁荣连续中介了包容型领导与主动变革行为之间的关系

6.4.2　研究设计

6.4.2.1　研究对象及调查过程

本研究的样本来自江苏和安徽省的多个行业（包括贸易、保险、建筑等）的 17 家中国企业。我们采用组织中上级—下属的配对数据，从而使研究样本的方差最大化。为了检验提出的假设，我们分两个阶段收集数据，两个阶段之间间隔一个月。第一阶段主要是收集自变量（即包容型领导），中介变量（即心理安全和工作繁荣）和控制变量有关的数据，而第二阶段是获取结果变量的数据（即主动变革行为）。

在第一阶段联系的 320 名员工中，回收 263 份问卷，回收率为 82.2%。同时，在第二阶段，263 名员工中，205 名员工返回问卷，回收率为 77.9%。受访者中，67.3% 为男性，平均年龄为 33.56 岁。在教育水平方面，2.4% 低于小学学历，16.1% 具有高中和职业学校学历，78.0% 具有本科学历，3.4% 具有研究生学位。最后，受访者的组织平均任期为 6.79 年。

6.4.2.2　测量

每个变量（主动变革行为、包容性领导、心理安全和工作繁荣）都以李克特量 7 点量表进行评估，其中 1 = 非常不同意，7 = 非常同意。

主动变革行为。使用三题项 TCB 测量员工主动变革行为，由员工的直接上级作答。题目为："您的下属试图在他/她的工作场所改进程序的频率如何？""您的下属多久尝试一种更有效的新工作方法？""您的下属为组织亟待解决的问题实施方案的频率如何？" Cronbach's α 为 0.755。

包容型领导。使用九题项 ILS 量表测量包容型领导行为。样题如"上级对听到新想法持开放态度""上级鼓励我在出现新问题时与他/她接触"。Cronbach's α 为 0.891。

心理安全感。使用三题项 PS 量表来测量心理安全。题项为："我在工作时不感到害怕。""我害怕在工作中表达我的意见。（r）""工作环境中存在着威胁。（r）"这些项目评估在工作中个人是否觉得自在，是否自由表达自己的意见，或者工作环境中是否存在威胁因素。Cronbach's α 为 0.706。

工作繁荣。使用十题项 TW 量表来测量员工的工作繁荣水平，其包含了学习和活力两个维度。样题如"我觉得自己经常学习""我觉得自己充满活力"。Cronbach's α 为 0.820。

控制变量。我们控制了员工的四个人口统计变量，包括性别、年龄、教育水平和组织任期。性别是一个虚拟变量（男性为 1，女性为 2）。年龄以年为单位。教育程度的测量范围从 1（小学及以下）到 4（研究生学历）。组织任期是回复者自我报告的工作年限。

6.4.3 数据分析和假设检验

表 6-8 给出了所有研究变量的平均值、标准差、相关性和可靠性估计

第6章　企业师徒制对新生代员工主动性行为的影响机制研究

（Cronbach Alphas）。所有分析均采用结构方程建模。在形成假设检验量表之前，我们使用验证性因素分析，通过将测量模型与表6-9中详细描述的四种竞争模型进行比较，来评估我们测量的建构效度。

表6-8　均值、标准差和相关系数表

变量	M	SD	1	2	3	4	5	6	7	8
1. 性别[a]	1.33	0.470								
2. 年龄	33.56	7.913	−0.060							
3. 教育水平	2.82	0.513	0.077	−0.377**						
4. 任期	6.789	7.432	0.038	0.736**	−0.263**					
5. 包容性领导	5.176	0.741	0.026	0.012	0.020	0.030	0.891			
6. 心理安全	5.120	0.639	−0.028	0.008	0.090	0.091	0.437**	0.706		
7. 工作繁荣	5.270	0.609	0.036	−0.044	0.074	0.030	0.579**	0.469**	0.820	
8. 主动变革行为	5.247	0.593	0.014	−0.001	−0.029	0.056	0.428**	0.400**	0.414**	0.755

注：$N = 205$；reliability coefficients appear in bold.
a Gender is coded as 1（males）and 2（females）.
* $p < 0.05$，** $p < 0.01$，*** $p < 0.001$.

如表6-9所示，我们的四因素测量模型是最优拟合模型，对数据提供了合理的拟合，支持了我们测量的单维性：CFI = 0.918；近似90%置信区间的RMSEA=0.056。

表 6-9 验证性因子分析

测量模型	df	χ^2	χ^2/df	CFI	TLI	RMSEA
单因子模型[a]	270	731.727	2.710	0.779	0.755	0.091
二因子模型[b]	269	645.269	2.399	0.820	0.799	0.083
三因子模型–1[c]	267	513.385	1.923	0.882	0.868	0.067
三因子模型–2[d]	267	540.261	2.023	0.869	0.853	0.071
四因子模型[e]	264	435.063	1.648	0.918	0.907	0.056

注：a. 单因子模型 = 包容性领导 + 心理安全感 + 工作繁荣 + 主动变革行为。
b. 二因子模型 = 包容性领导 + 心理安全感 + 工作繁荣，主动变革行为。
c. 三因子模型 = 包容性领导，心理安全感 + 工作繁荣，主动变革行为。
d. 三因子模型 = 包容性领导 + 心理安全感，工作繁荣，主动变革行为。
e. 四因子模型 = 包容性领导，心理安全感，工作繁荣，主动变革行为。

由于其中一些变量（如包容型领导、心理安全和工作上的成功）是以自我报告方式测量的，研究中评估了共同方法偏差的影响，如果一个潜在变量占变量方差比例较高，那么就存在较大问题。笔者通过将每组指标加载到它们的潜变量上，并将所有项目加载到第五个潜变量上，来测试常用方法偏差。然而，这个五因素模型没有收敛，这可能是一个相对较小的样本和大量项目的普遍问题。然后我们进行了 Harman 单因素测试，发现这些项目并没有显著地加载到单个因素上。我们的结论是，本研究中共同方法偏差在可接受的范围内。在结构模型分析中，我们使用 Process 来估计所有的路径系数，同时控制员工的年龄、性别、教育程度和任期。具体结果见表 6-10。在分析模型中，我们测试了一个三路径中介效应。这种方法的优点是，能够分离出心理安全（假设 2）和工作繁荣（假设 3）两种中介的间接效应。这种方法还

第6章 企业师徒制对新生代员工主动性行为的影响机制研究

有助于我们检验两种中介的连续桥接作用(假设4)。为了检验中介效应的假设,本研究使用了普里彻刀和海斯以及舒鲁和伯格提出的分析方法。并通过Bootstrapping来弥补Sobel检验相关的一些缺陷。在表6-9中,研究对间接效应进行估计。如假设1所预测,包容型领导与员工的主动变革行为呈正相关关系。假设2认为,心理安全中介了包容型领导和主动变革行为之间的关系。这一假设得到了支持。假设3也得到了支持,工作繁荣在包容型领导和员工主动变革行为之间起桥接作用。假设4认为,心理安全和工作繁荣连续中介了包容型领导和主动变革行为之间的关系。上述分析表明,心理安全中介了包容型领导与工作繁荣的关系,包容型领导通过促进员工工作繁荣,进而产生主动变革行为。我们检验了假设4,发现包容型领导与更高的心理安全感和工作繁荣相关,并会导致员工更高水平的主动变革行为。

表6-10 中介模型的间接效应

直接效应	估计值	t
包容性领导→主动变革行为	0.183(0.062)	2.953
间接效应	估计值	Bootstrap(Bias-Corrected Bootstrap 95% 置信区间)
包容性领导→心理安全感→主动变革行为	0.076(0.028)	[0.031, 0.142]
包容性领导→工作繁荣→主动变革行为	0.067(0.030)	[0.016, 0.136]
包容性领导→心理安全感→工作繁荣→主动变革行为	0.016(0.009)	[0.004, 0.042]
总中介效应	0.159(0.047)	[0.080, 0.268]

注:总样本数=205。Bootstrap再抽样设定为5000次进行中介效应检验。总中介效应(包容性领导→主动变革行为)=0.159(0.047)。括号中为标准误。

6.4.4 研究结论与展望

6.4.4.1 理论意义

本书旨在揭示包容性领导如何促进员工在工作场所中展现出主动变革行为,适应动态环境的需要。主要有两方面的理论贡献:第一,现有文献一般从个体特征、组织情境因素进行探讨,而本研究选取领导行为作为主动变革行为的前因变量,深入研究领导力与主动变革行为的关系,响应了领导行为—主动变革行为的研究需要更适应情境模型的呼吁,拓展了现有研究的组织层次和应用情境。第二,以往文献在探讨领导行为—主动变革行为的关系时,研究主线以心理安全感之类的心理变量为主,本书加入工作繁荣这一中介变量是现有研究的有益补充。此外,本书发现包容型领导通过心理安全感机制,还能进一步激发员工的工作繁荣感,影响主动变革行为。总而言之,本研究的链式中介模型在领导学、变革行为等多个领域的研究中建立了密切的联系,拓展了对领导行为—主动变革行为之间关系的认识。

6.4.4.2 实践启示

首先,从领导者角度来看,领导者应该亲和、可接近,关心下属需求,包容下属的不同意见及在一定程度上容忍其错误。与此同时,领导者应对下属提供支持和帮助资源。

其次,从组织角度来看,应营造包容的氛围,考虑通过工作指导、关爱员工的系列举措以提高员工的心理安全感,为其提供学习的机会和支持的资源,进而提高他们主动变革的能力,激发他们主动变革的意愿。

第6章　企业师徒制对新生代员工主动性行为的影响机制研究

最后，企业应通过专项培训，增强管理者的包容型领导素质和能力。组织可以首先评估现有管理队伍的领导力水平，寻找他们与包容型领导行为的差距，从而确定包容型领导行为培训的重点和难点。特别是对新生代员工价值观、需求及工作场所行为的理解与前因探讨，有益于管理者在职场中形成包容的理念。

第7章 培育工匠精神的实践与具体路径

2017年"五一"国际劳动节,人民网时政频道以《习近平号召"以劳动为荣":激励劳动者,托举中国梦》为题,详述了近年"五一"习总书记与劳模座谈及发表的重要讲话。尊重劳动者、弘扬劳模精神、工匠精神是建设小康社会,实现中华民族伟大复兴的核心价值观。厚植工匠文化,培育中国工匠,中国智造崛起,需要政府、企业、职业院校共同努力。

7.1 政府层面

7.1.1 上海市:选树、搭台、弘扬三位一体模式

上海市总工会高度重视培养"上海工匠",弘扬工匠精神,2016年已先后召开上海职工创新大会、上海职工素质工程推进会、"上海工匠"培养选树千

第 7 章　培育工匠精神的实践与具体路径

人计划推进会等各种活动，对推进工匠建设工作进行了多次的动员部署和推进落实。

7.1.1.1　选树

2016 年 5 月 18 日，上海市总工会、市科委、市经信委、市人社局、市国资委、市知识产权局和市科协，联合举行上海职工创新大会暨 2016 年上海职工科技活动周开幕式，正式启动 2016 年"上海工匠"培养选树计划。上海总工会计划于 2016 年起，用 10 年时间培养选树 1000 名"上海工匠"，打造一支高技能领军人才队伍。上海市总工会还下发了《关于在本市开展"上海工匠"培养选树千人计划的实施意见》，明确制定"上海工匠"在工艺专长、高超技能、领军作用、突出贡献四方面的选树标准。

7.1.1.2　搭台

充分发挥工会参与、维护、建设和教育的四大职能，为工匠们搭建发展平台。其平台机制包括：第一，深入实施"职工素质工程"，进一步夯实"培训、练兵、比武、晋级"四位一体的职业技能发展模式，为职工提升技术技能水平搭建平台。第二，发挥"工会大学校"资源，发挥地方教育附加专项资金效用，通过技术培训、业务研修活动为员工创造有利条件。第三，以赛促学，以赛育人。开展了多种形式的劳动竞赛、技能比武，不断创新竞赛的内容和形式，提高职工技能学习的主动性与积极性，形成互助提升又良性竞争的竞赛氛围。另外，拓展网络远程培训功能，注重员工素质提升，培养复合型人才、高技术人才。

7.1.1.3 弘扬

由上海市总工会与东方卫视联合策划,共同打造一部8集纪录片《上海工匠》,引起社会强烈反响。通过讲述16位上海工匠的职业故事,展示了上海工匠的劳动品格与工匠精神,传扬了精益求精、爱岗敬业的职业认知,也努力将创新求变、劳动实现梦想的核心价值观内化为广大人民群众的自觉追求。

7.1.2 山东省:18项举措传承工匠精神

2016年6月,山东省人力资源和社会保障厅等8部门联合印发《关于加强高技能人才工作助推产业转型升级的意见》(鲁人社发〔2016〕22号,以下简称《意见》)。其中,18条政策措施将进一步健全完善山东省高技能人才工作体系,形成有利于高技能人才成长和发挥作用的制度环境和社会氛围,为社会发展、企业创新奠定基础,对供给侧改革的推进、深化起到重要作用。

《意见》对培育工匠精神的作用体现在:第一,加大高技能人才培养力度。实施"加强就业培训提高就业创业能力五年规划";推动技工院校校企合作向纵深发展。特别是着力探索具有中国特色的"师带徒"培养新模式,鼓励开展新型学徒制培育试点,并下拨职业培训补贴,加强高技能人才培训载体建设。第二,构建多元化的人才评价体系。为了提高人才评价公平性和科学性,给企业更多的人才评价自主权;完善技能人才评价机制,开展职业资格过程化考核鉴定试点;发挥职业技能竞赛的引领作用;推动国际化职业资格证书互认。第三,强化高技能人才引进与交流。加大引进"洋"人才和技能大师的力度,加强国际交流与合作。第四,高度重视高技能人

第7章 培育工匠精神的实践与具体路径

才使用。坚持"不唯学历唯能力"。破除技工院校毕业生成长通道中的"天花板"和"隔离墙",充分发挥技师、高级技师在技能岗位的关键作用。第五,创新完善高技能人才激励机制。完善具有突出贡献技师的选拔政策,加大职业技能竞赛奖励力度,鼓励企业建立高技能人才岗位技能津贴制度,落实高技能人才各项待遇。

7.1.3 广东省:弘扬南粤工匠精神,制度引才、服务留才

2016年7月26日,广东省委宣传部举行了"弘扬南粤工匠精神,践行核心价值观"座谈会,主要探讨了工匠精神的时代意义、南粤工匠精神的内涵及培育南粤工匠等问题。珠三角地区是中国改革开放的前沿阵地,是中国制造业重镇并拥有强大的服务业支撑,以"开放、创新"为南粤工匠及南粤工匠精神的鲜明特色。广东省委宣传部、省总工会组织开展了"寻找身边的南粤工匠"学习宣传活动,评出20个南粤工匠代表。广东省主要媒体也积极组织推出"南粤工匠"专题报道,大力宣传各行各业的工匠典型,树立工匠模范。

广州市首先以制度引才,实施高技能人才精工工程。加快发展现代技工教育,建立"政校企协"四位一体的育人制度,深化专业布局调整,推动师资队伍专业发展,加快入驻教育城和智慧职教建设。其次,以服务留才,让来穗工匠拥有更多"获得感"。在各项基本公共服务中,广州市一直给予技能人才更多的倾斜和优惠,如在积分入户政策方面,充分考虑高技术企业的技能人才。受到表彰的务工人员或高技能人才还可以优先承租市本级公共租赁住房。再次,进一步贯彻实施《广州市来穗人员融合行动计划(2016—2020年)》,

师带徒——工匠精神的内涵与培育

采用定单式与个性化相结合的培养模式,通过分层、分类、分批开展技能培训,全面提升来穗人员的适应能力、技术技能,帮助其成才并实现社会价值。

7.1.4 江苏省：政校企合作模式，订制培养"现代工匠"

为了培养适应企业和市场需求的工匠，江苏省主要通过深化政校企合作，订单式培养"现代工匠"。2012年，苏州工业园区开始探索政校企三方合作模式，由政府投资在苏州工业园区职业技术学院建立机电一体化公共实训平台。这种合作模式，充分利用了企业的软件优势，调动了政府的资金支持，又突出了职业院校培养工匠的主体地位，由职业院校提供师资、教学场所，保证日常运行与管理，三方合作，优势互补，开创政校企合作的新模式。2016年3月，南京技师学院与南京埃斯顿机器人工程有限公司、联想（北京）有限公司等27家大型企业和地方政府部门签约，计划在未来几年共同培养先进制造业、现代服务业、战略新兴产业三大核心产业，涵盖数控加工、专业服务、网络通信、机器人制造等方面的专业人才。在区域人才对口培养方面，与南京高新开发区签署定制协议，定向培养生物医药、电子商务、网络通信等专业技能人才。

由此可见，各级政府结合省情实际，制定相关政策举措，形成了符合自身发展并大力弘扬工匠文化的模式与范本。充分发挥政府形塑工匠精神的主导作用，有益于营造培育工匠精神的社会氛围，实现社会环境、企业内部环境、导师等烙印主体良性互动，从而彰显烙印效应，也为其他省市、地区培育工匠精神的政策实践提供了借鉴。

第 7 章　培育工匠精神的实践与具体路径

7.2　职业院校层面

德胜—鲁班（休宁）木工学校是产教融合 2.0 时代，校企深度合作的典型范例。它为企业举办职业教育、解决自身用工问题、服务行业发展提供了样本，也为推动民办职业教育发展、建立现代职业教育体系提供了重要启示。综上分析，笔者从承担职业教育主体责任的角度提出如下建议。

第一，以国家政策为依托，有效整合社会资源。我国企业举办职业教育政策经历了"并举—参与—主体"三个阶段。2010 年，《教育规划纲要》提出要"鼓励行业组织、企业举办职业学校""制定优惠政策，鼓励企业加大对职业教育的投入"，并确立了"政府主导、行业指导、企业参与"的职业教育国家办学体制，为行业、企业举办职业教育奠定了良好的政策和制度基础，行业、企业办学迎来了新的发展机遇。2014 年，《国务院关于加快发展现代职业教育的决定（国发〔2014〕19 号）》中提出"鼓励行业和企业举办或参与举办职业教育，发挥企业重要办学主体作用"。国家相关政策法规相继出台，首先解决了企业办学的身份困境，为企业举办职业教育提供了法律保障。德胜洋楼公司捐资 100 万，与休宁县第一职业高中联合办学，创立了德胜—鲁班（休宁）木工学校，实行"一校两制"政策。其实质是以政府举办的公办学校为依托，策应了国家行业、企业举办职业教育的倡议。其次，政府积极支持企业举办职业教育，"对举办职业院校的企业，其办学符合职业教育发展规划要求的，各地可通过政府购买服务等方式给予支持"。2004 年年底，由江苏省教育厅、江苏省民政厅联合批准"长江平民教育基金会"成立，并颁发了有关证书。聂圣哲先生任基金会首任主席。长江平民教育基金会是具有良好的信誉、运营健康的教育基金组织,其业务范围是:接受社会捐赠;改善平民地区教育设施,支持平民教育事业的发展。长江平民教育基金专注于发展平民教育,整合社会各类资源,直面企业举办职业教育缺乏资金的困境。一方面,借助国家支持政策;另一方面依靠企业、企业家发挥自身凝聚力,设立专门组织,调动社会各方力量和资源,以基金会形式建立支撑职业教育发展的长效机制。

第二,确立企业职业教育的精准定位。由案例可知,德胜—鲁班(休宁)木工学校的成功关键在于立足当地实际、发展平民教育的精准定位。具体来说,聂圣哲先生准确地抓住了两个关键点,其一是当地脱贫致富不是走精英教育、应试教育的老路子,而是依靠职业教育培养大量适应社会、脚踏实地、拥有一技之长的技能人才。为一个家庭培养一个高级技工,从而帮助整个家庭脱贫,拓展了广大农家子弟的成长之路。其二是德胜公司根据企业自身优势精准定位于木工技师的培养,没有追求大而全的培养目标,而是在木工这个手艺活上精耕细作。木工学校的战略定位,一方面与德胜洋楼的主营业务息息相关,既对接企业的用工,也便于从企业中遴选优秀师资,实现职业教育与企业发展的良性互动。另一方面,徽州自古崇尚家财万贯不如薄技在身,是培养能工巧匠的沃土。徽派木工技艺更是闻名遐迩,在此处办木工学校有利于强化环境对人的浸染作用,通过学习参观徽派建筑、技艺之美激发学生们的学习动机,培养职业精神。

第三,紧贴行业企业特点,探索个性化的教学模式。企业举办职业教育,归根结底就是探索出个性化的教学模式,建立起一个适合行业、企业发展的教学体系,并将办学理念、培养目标等战略定位一一落地。木工学校办学15年来,始终保持小规模高质量的办学标准,从教学内容、教学管理、教学方

第 7 章 培育工匠精神的实践与具体路径

式和考核制度等方面构建了适合木工建筑业的教学模式。以平民教育理念为引领,以贴近学生实际和企业需要的自编理论教材和职业道德培养为主线,实训为主,讲授为辅。并以师徒制、学区负责制、"小先生制"来组织教学,以严格的考核和规章制度来保障学校的运行。特别是发挥了传统师徒制在技艺传承和职业精神培养方面的优势,通过职业支持、社会心理支持,师傅角色模范等功能,更有效地实现学校教育的目标。德胜公司始终坚持生活即教育,管理即培育人的过程,无论是在职业教育过程中还是在企业任职,都渗透着培养人、发展人的理念,教育与职业发展贯穿如一,最终实现了农民工向现代产业工人的转变。

7.3 企业层面

烙印理论的分析框架不但为工匠精神形塑全过程提供了理论基础,而且对企业实践颇具意义。它有助于指导企业有目的、有计划地培育个体工匠精神、形成工匠素养。在共享经济的浪潮中,企业应摒弃单个组织生存、发展的出发点,在更广泛的行业、产业范围内实现人才共享,进行职业道德认知与创新思维、技能的协同培养,形成工匠精神的学习、培养氛围。以建立健全师徒制为基础,形塑工匠精神,应采取如下路径。

第一,善用宏观外部环境,发挥组织环境的助推作用。外部环境、内部环境会与导师对个人印记的形成产生交互影响。在工业 4.0 时代背景下,满足消费者个性化、柔性生产的外部环境基本趋同,然而各个行业、企业的内部环境差异较大。在组织层面领导风格、组织氛围、组织文化都会对工匠精神形塑造成影响。这就要求企业内部形成有利于工匠精神传导和孕育的环境，为个人工匠精神养成提供助力。

第二，精心甄选、培育、构筑具有工匠精神的导师团队。在宏观环境需求和政策制度导向下，工匠精神印记形成的关键是烙印者，是导师的正向引导与烙印作用。一方面，要甄选一批具有高度职业化认知、爱岗敬业、不断创新、经验丰富的员工；另一方面，充分挖掘、培育员工的主导性动机。如在保障基础收入之后，转变以数量、速度为核心的考核制度，突出质量和创新能力，给予员工适当的成长期和更多的试误空间，并采取与之相匹配的激励制度。

第三，重视员工的敏感期，做好导师与员工的匹配工作。员工价值观、行为方式的习得存在短暂的敏感期，在这个阶段，员工角色发生重大转换，对环境高度敏感，具有可烙印性。因此，企业形塑工匠精神要抓住有利时机，在员工亟须角色定位之时，配备具有工匠精神的导师，并通过个人学习、职业认同、社会影响等机制促进员工工匠精神的形成，打上较为持久的印记，为个人的职业发展奠定基础，促进组织创新与成长。鼓励员工发挥主观能动性，如主动性行为、印象管理、掌握良好的沟通技巧，主动将个人之前的烙印与现有烙印进行适配、整合、协同，尽快形成高度的职业化认知，有意识地培养创新能力。

第四，重视隐性知识的转移、导师的角色模范作用并发挥积极的社会影响作用。企业师徒制继承了传统学徒制的"口传心授""传帮带"的模式，导师通过提供职业支持、社会心理支持和角色模范来影响员工。启发性地将隐

第7章 培育工匠精神的实践与具体路径

性知识、自身的职业认知传导给员工，其中，学习机制、认同机制、影响机制发挥作用有赖于组织内外部的环境、烙印主客体的能动性发挥与双方互动关系的积极作用。

第五，在工匠精神的形变过程中，有意识地利用持续、扩大机制，并有效发挥衰退、转变作用。要使工匠精神自身日臻完善，一方面，要在全社会、组织上下形成工匠文化的氛围与激励机制，树立工匠精神促进个人绩效、组织绩效的榜样、标杆，使得绩效反馈、持续回报等中介发挥作用；另一方面，随着外部市场环境、管理团队、组织结构变化，工匠精神某些部分的印记可能出现"渐变"和"突变"，这是一种自我优化系统，组织管理者要有意识地识别、把握这个自适应机制，给予政策引导。

另外，在实施企业师徒制时，还要注重引入心理契约理论，建立企业与新生代学徒的心理契约。如前所述，由于新生代是"自主人"，基于传统的人性假设的激励理论并不再适用于新生代，因此，无法起到预期的激励效果。我们听到雇主的抱怨是：无法理解新生代行为，新生代越来越难管。组织中人力资源的现状是：新生代员工自我意识强烈、心理承受能力弱、不愿意加班、离职率高、稳定性较差。如何针对新生代特点，进行有效激励，从职业教育阶段就建立起组织与员工的契约关系，心理契约是一个值得深入探讨的理论视角。心理契约作为一种隐性的契约，是以个体与组织双方的感知及承诺为基础，双方形成的责任与义务的各种信念（李原，2006）。

研究指出，心理契约的三个维度，即交易型维度、关系型维度、发展型维度，能够较为全面地涵盖新生代员工的特征与需求，从这三个维度着手能较好地起到激励新生代员工的作用。主要表现在：首先，不同于以往代际，

师带徒——工匠精神的内涵与培育

新生代身上同时表现出不在意物质奖励的超然性与交换互惠的现实性特征。这时,有竞争力的薪酬福利不再是新生代的唯一追求,却还是其基本的生活需求和保障。交易型维度的心理契约还体现出对组织的公平感知和认同感。其次,新生代生活环境宽松,他们的权力距离较低,更愿意表达自我,与人沟通。他们更在意工作氛围与环境,重视团队合作,重视人际交往和谐,并注重获得归属感。心理契约中的关系型维度恰好诠释出这一点。再次,新生代员工更具有自主性,希望领导信任并充分授权,充分参与组织决策,承担具有挑战性的任务,期待组织提供培训机会实现自我成长。发展型维度正符合新生代成就导向的需要。

以往心理契约的研究主要集中在心理契约的内容结构、违背或破裂及其内在关联等的探讨,而关于心理契约的形成、存在载体、动态变化等研究比较有限(王盛,石建伟,周萍,2014)。特别是在现代师徒制实施过程中,如何建立企业与新生代学徒的心理契约研究还鲜有涉及。因此,本研究试图从解决"企业冷""学生冷"等现状着手,借鉴组织—员工心理契约形成的雇佣前的预设、招聘期的承诺交换、工作初期的社交探视、工作后期的体验(Rousseau,1990)这四个阶段探讨企业与新生代学徒的心理契约建立的过程。

现代师徒制(Modern Apprenticeship),是传统学徒制与现代高职教育相结合、教学活动与社会需求相结合、新技术新设备与现代人学习特点相结合、生产与教学相融合,创新教学模式与管理制度,释放人的潜能,校企联合共育未来社会所需要的高质素、学习型技能人才的一种高职教育体系。许多职业院校迫于政府导向与就业压力,仅仅是将企业员工(师傅)请到学校进行

第7章 培育工匠精神的实践与具体路径

集中授课，将现代师徒制办成了另一种形式的灌输式教学，并未充分利用企业与学生建立联结的契机，以致双方均收效甚微，错过了企业与新生代学徒建立心理契约的关键节点。现代企业师徒制中，企业与新生代学徒心理契约大致可以分为以下几个阶段。

第一，教学前的预设阶段。企业中的师傅尚未进入教学活动之前，学生与企业并没有较深入的接触，因此主要是学生单方面形成对雇主和组织的信念和想法。这时学生心理图式尚未完全确立，且不稳定。也就是说，企业与学生之间的心理契约会随着双方的接触、互动不断变化、发展，并呈现出动态化形式。由于心理图式的不完整，学生试图通过收集广告信息、企业官网信息或企业的信誉口碑等，形成自我的心理预期或是预判。例如，学生如果通过网络搜索就可以登录规范、简明、正式的公司官网，第一时间获取相关企业信息则更有利于加深学生对企业的了解。如果该企业曾获得知名求职网的"大学生满意雇主"评比的奖项，则意味着企业在声誉方面赢得了更多的认可与关注，易于使学生产生良性期待。

第二，教学期的承诺交换阶段。企业员工以师傅的身份进入职业院校教学，其身份是双重的。一方面，他/她是组织中的员工，另一方面他/她是职业院校中的老师。他/她传授员工与社会接轨的知识与技能，并将组织中的工作内容、工作方式、企业文化、组织价值观传递给学生。在一定程度上，师傅即是组织的代言人。根据烙印理论（Imprinting Theory），在员工的关键敏感期，师傅的技能、经验、处理问题的方式方法、工作态度、行为就像印记一样深深地影响着员工，并且难以改变（Marquis & Tilcsik，2013）。由于师徒关系建立的情感联结，员工通过师傅学习如何看待自己的职业，进行自我定位，并透过师傅了解师傅所在的企业。师傅进行教学的阶段，其实是企业与学生进行积极主动的相互交换承诺，并对彼此的信号作出评价。比如，学生可从师傅的授课水平中验证是否达到之前的预期，或是进一步获取企业薪酬福利以及工作环境相关的信息。师傅也会在与学生的互动中寻找与企业价值观相一致的学生，释放出招募或重点培养的信号。

第三，实习期初探阶段。企业师傅进入职业院校之后，一般都会利用校企合作的方式，带领员工到工作场所进行参观、体验或者实习。在雇主与雇员之间，这被视为工作社交初期。这一时期，员工和组织间进行持续的承诺与责任交换并进一步磨合彼此信息的差异，此时员工与组织双方都会积极寻找彼此关心的信息以尽快构建对彼此的心理契约。这一阶段，双方的实际履责情况与行为表现是构建心理契约的关键。根据信息论的互动反馈视角，个体一直会对组织提供的信息，或是对自己接收到的信息进行认知加工（Rousseau，1990），并对照先验经验与预期。在心理契约形成中，由于信息获取始终不完全，所以一旦新信息进入，各要素间的关联就可能重新编排，形成新的心理图式。这个阶段的心理契约变动明显，可能被建构，也容易一下子陷入心理契约违背或者心理契约破裂。在此期间尤其要重视某些关键事件的影响。企业中的人力资源管理政策、组织氛围、上下级关系、工作环境都将直观地呈现在学生面前。如果这种承诺与交换与之前的预期相符，则会加强这种心理契约。一旦出现出入，师傅则起着较为重要的调节作用，如师徒关系的融洽程度、师徒间的信任感以及师傅提供的支持性资源是否能抵消这种负面影响；抑或通过师傅的视角帮助员工将一些情境进行合理化的阐释。

第7章 培育工匠精神的实践与具体路径

第四,实习后期体验阶段。最后,实习后期体验阶段,学生和企业寻找信息不如此前积极,双方只是针对信息有差异的部分或新信息作交换。这一阶段,企业与学生双方的心理契约趋于稳定,但关键事件可能会引发心理契约的转变。通过师傅这个媒介,如果企业与学生双方能达成期望与信息上的一致,则较易于巩固心理契约;如若存在明显的分歧,且不可调节,则无法建立心理契约。也就是说,在信息的不断获取与反馈的过程中,企业与学生的心理契约呈现出一个动态修正并且反复的过程。曹威麟等人从信息论角度,提出了心理契约的动态循环模型。

企业如何利用介入职业教育的先机,从自身着手,从新生代的需要着眼,建立较为稳定的心理契约,并促使学生产生积极的工作期待、工作体验,进一步巩固这种心理要约,笔者试提出如下建议。

首先,企业应重视建立广泛、规范的信息传播渠道,并打造企业的良好声誉。企业与学生尚未接触之时,学生获得信息的渠道有限,一旦能够较容易地获取企业信息(公司官网、广告、新闻)则会提升公司的知名度,加强对企业的好感。而利用宣讲会、招聘会,积极走入校园,与学生开展互动,也会完善企业在学生们心目中的形象。

其次,企业应着力选拔、培养符合企业价值观、技能卓越的师傅进入职业教育领域。每个企业都应该将师傅视作组织的最佳代言人、组织文化的体现者,使学生通过认同师傅,进而认同职业、认同企业。企业应重视师傅的培养工作与选拔,不但要考核师傅的工作能力与经验,还要重视师傅的传授能力与教学能力。企业应该有效建立一个与职业院校对接的师傅组,做到既不影响企业的正常运转,在一定程度上又能更好地满足职业院校的需求。而且，师傅组的编制也有利于师傅们就教学内容、方式、方法进行共同探讨、集思广益。

再次，实习期是心理契约形成的关键时期，应着力兑现组织承诺，尽可能从交易、关系以及发展维度满足新生代的需求。企业之间的薪酬待遇、工作氛围及发展空间均存在差异，但企业应做到实事求是，诚实以告，不能为了吸引人才而过度承诺，以致进入实习工作之后给学生造成巨大的心理落差，这样会适得其反。如果一旦出现了某些负面关键事件，造成了心理契约违背等后果，企业也要及时做好解释，采取有效措施补救。

最后，在实习后期体验阶段，要充分发挥师傅及师徒关系的积极作用。利用师徒情感选人、育人、留人，使学生的价值观更加符合组织的需要，或就承诺与交换差异做出合理的解释。这个阶段也是企业与学生进行双向选择的过程，学生在积极处理企业信息的同时，企业也在筛选已建立起心理契约且符合企业发展所需的人才。

第 8 章 结　论

在全球化经济发展，互联网、大数据、人工智能、科技日新月异的新时代，"人才是第一资源"。为了适应动态环境的变化和全球化的竞争，以及经济高质量发展的需求，培养员工工匠精神、营造工匠文化成为组织和社会共同亟待解决的问题。企业师徒制作为一种被广泛运用并行之有效的人力资源管理制度具有其独特优越性。具体表现在：师徒制通过建立导师与员工的指导关系，促进师徒双方积极的互动，结成一种有益于职业发展和身心健康的发展型关系。这种发展型的关系对师徒双方以及企业都具有积极作用。并且，由于导师对员工的烙印作用，组织在企业范围内建立一种制度对话体系，有利于工匠精神的培养和传承。

师带徒——工匠精神的内涵与培育

8.1 研究结论

本书的内容主要分为理论研究、案例研究和实证研究三部分，由5个子研究构成。其中子研究1、2是案例研究，主要通过德胜—鲁班（休宁）木工学校、德胜洋楼公司2个案例综合分析、3个实证研究，归纳出企业举办职业教育的运行模式，揭示了导师对员工施加影响的烙印机制，并阐明了指导关系对员工主动性行为的影响结果。

第一，从管理学角度来看，当代工匠精神的实质是人对工作的主导性，其内核包括爱岗敬业、专注、踏实的高度职业化认知，以及潜心钻研、精益求精的创新能力。

第二，通过案例研究探索了企业举办职业教育的情况，通过在甄选方式、教学模式、考核制度方面的创新，对接企业的需求，特别是在工匠精神和组织认同方面，将培育的时间段前置到职业教育阶段。

第三，工匠精神的培育是一个烙印过程，而最为关键的烙印机制是通过社会影响的服从、认同、内化机制来起作用的。烙印的过程具体包括：烙印的前提条件（重要而短暂的敏感期），烙印者（内外部环境、导师），被烙印者（员工），烙印机制（服从、认同、内化），印记（工匠精神），并通过扩大、持续、衰退、转变，发挥印记的效力。

第四，变革环境下，指导关系对员工的主动性行为起正向促进作用。一是指导关系能够促进员工做出更多的主动性行为。二是工作繁荣在指导关系与员工主动性行为间起部分中介作用。三是学习目标导向在指导关系与工作繁荣之间起正向调节作用。员工的学习目标导向水平越高，指导关系对工作

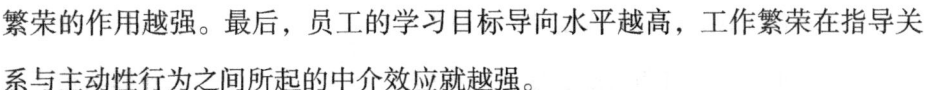

繁荣的作用越强。最后，员工的学习目标导向水平越高，工作繁荣在指导关系与主动性行为之间所起的中介效应就越强。

基于工作中个人成长的整合模型探讨了服务型领导对员工主动变革行为的影响，以及工作繁荣的中介作用和心理安全氛围的调节作用。具体来讲，本研究得出以下结论：一是服务型领导正向影响员工的主动变革行为；二是服务型领导通过提高员工的工作繁荣感进而正向预测员工的主动变革行为；三是心理安全氛围强化了工作繁荣对员工主动变革行为的正向影响。

第五，基于自我决定理论和社会信息加工理论，研究表明，上级关心下属需求，善于听取下属意见并认可下属贡献的包容性领导方式满足了员工的胜任、关系和自主需要，进而使员工涌现出更多的工作繁荣感；心理安全感从认知和情感两方面正面影响员工的工作繁荣；并发现了心理安全与工作繁荣在包容型领导和员工主动变革行为间发挥链式中介作用。包容型领导方式作为一种积极的情境因素，其宽容下属意见、包容下属错误的组织氛围易于使员工产生心理安全感，消除受惩罚的顾虑，因而促进员工主动学习以及产生饱满充实的情绪，从能力和意愿两方面正面影响员工的主动变革行为。

8.2 未来研究展望

第一，就工匠精神的理论研究而言，还需在实证研究中分析、验证。烙印主客体互动中，诸多前因变量、中介机制、结果变量尚未纳入模型，还需进一步探究。

一是诸多前因变量的纳入。

① 导师对员工烙印的前因变量。如前所述，在个人层面，导师与员工都带着各自固有印记进入烙印过程。那么，可烙印性或烙印效果会受到导师与员工的特质、师徒的匹配程度等因素的影响。可考虑的前因变量包括师徒二者的人口统计学特征、个人特质（员工的主动性、控制焦点、情绪智力、学习目标定向、自我监控；导师的学习目标定向、变革型领导）等。在工匠精神烙印过程中，中国传统哲学"悟性"思维的作用值得思考。

② 师徒关系层面的前因变量。之前西方研究主要考察了性别的相似性、种族相似性、感知相似性、自我展露、年龄差异、基于信任的认知、基于信任的情感等因素，但在中国文化情境的差序格局中，还有一些特殊的关系视角有待研究。比如师徒亲缘、学缘、地缘、业缘等的异同是否会显著影响师徒关系质量，怎样的师徒搭配烙印效果更优。

③ 企业师徒制结构层面的变量，诸如师徒制的类型（正式与非正式，直属与非直属，初级与次级）。在集体主义和高权力距离的价值文化主导下，不同师徒制类型是否存在显著差异；随着组织无边界化、扁平化发展，新生代员工是否更愿意接受同辈指导。此外，还有企业导师制的不同发展阶段（初始、培育、分离、再定义）对烙印机制及效力的影响等。因此，围绕企业师徒制的影响因素，烙印机制的前因变量还需进一步探明。

二是外部环境、组织环境对个人的跨层影响。本研究主要关注了导师对员工的烙印过程，但是外部环境、组织内部环境对个人层面的烙印机制，外部环境对组织层面的影响均并未深入探讨。比如民族文化、企业文化或愿景的文化机制、组织结构的嵌入机制，以及其他作用机制还有待挖掘。

第8章 结 论

三是工匠精神形塑结果变量的探讨。工匠精神是一种踏实工作的职业操守，这种印记的培养，除了有助于个人的职业成功，引领青年员工明晰职业方向，还有利于摒弃急功近利的浮躁之风，循序渐进，对缓解个体工作与家庭的冲突，理解工作意义与价值，获得更多积极情绪，追求主观幸福感有积极作用。在组织和社会层面实现人文福祉也是人类职业发展和全面发展的最高需求，成为未来实证设计中重要的结果变量。

四是印记的交互、演进、迭代过程如何还需深入分析。本研究尝试将个人、组织、环境同时纳入烙印过程，构成一个跨层交互、动态演进模型。但是三者如何交互形成印记，以及与原有印记的关系，是替代、覆盖还是整合、重构，是排斥还是吸收，其共同演化的途径尚不明晰。蒂尔奇克提出了"二手印记"的概念，将其定义为一种印记的社会性转移。如新员工进入组织向导师学习的组织规范和行为准则，实则是导师职业经历的反映，那么，导师的成长经历就间接影响了新员工的学习过程。这说明后续研究至少要建立两个维度的分析，既要包括多烙印者的跨层烙印，又要有时间序列的叠加。在相互交叉和共同演化中，哪些烙印被保留、哪些烙印会消退，何时、为何发生形变都需要进一步探讨。

五是运用理论揭示自下而上的印记汇聚机制。本研究重点关注了个体层面印记的产生、发展、影响，尤其是导师对个人的烙印机制，而个人层面的工匠精神通过何种机制上升为组织层面、社会层面的文化与价值观，即大国工匠精神的形成弘扬，还需在理论层面继续探讨。以大国工匠精神支撑"中国制造"向"优质制造"之路迈进有待理论界和实践界共同探究。

第二，通过具体案例对培养工匠精神进行研究，从理论上构建了工匠精神的形塑模型，有助于企业管理者找出实践中的不足，进一步推动研究者在今后的案例或实证研究中予以考察。然而，本研究的不足主要表现在样本单一以及数据来源单一，且以二手数据为主，缺乏第一手调研与访谈资料。虽然在研究设计时，主要考虑到单案例中管理情境"深"浸染的优势与"浓"描述的特点，但是单案例的结论在外部效度上仍存在一定缺陷。因此，其一，在今后的研究中可选取多案例进行比较和分析，或增加单案例纵向数据的收集，以增强研究结果的信效度。采取多案例分析时，可以考虑选取不同地区、不同行业、不同性质的企业进行综合分析。其二，就德胜洋楼企业而言，尝试深入企业取得第一手的访谈或观察记录。多方面获取对话文本的资料和评价，不仅仅局限于公司官网的宣传资料，要注重多方面客观的呈现。如，围绕工匠精神的对话体系与管理者及员工展开会谈，记录其认知与感知信息，再进一步通过编码、提取范畴、汇聚成核心范畴，得到更贴近现实的工匠精神对话过程模型，并对单案例的结论进行一定的补充与修正。

第三，在实证研究方面，指导关系对员工主动性行为的影响机制还有待深入探究。在理论上：一是现有量表难以涵盖中国新时代指导关系的内涵。动态化环境下，组织管理模式剧变，正式指导和非正式指导形式层出不穷，传统的西方指导关系量表有待修正、完善。二是尚未基于中国组织情境因素，探明指导关系对员工产生影响的机理机制。未来研究可以运用"关系"（Guanxi）理论、依恋理论（Attachment Theory）考察组织—员工、导师—员工的依恋关系。此外，不但要考虑个体（导师和员工）的特质、态度行为差异，还应综合考察员工感知到的指导关系差异，以更好地凸显中国文化中的差序氛围、"圈子文化"等特点。研究设计方面：本研究涉及的变量数据均来源于

第8章 结 论

员工自我汇报，未来研究可采用自评和他评相结合的方式提高数据质量。研究通过两阶段来收集数据，未来还可使用多时点纵向采集以提高研究结论的说服力。研究数据均来源江西企业，今后可增加不同地区的样本以增强研究的外部效度。

第四，在分析服务型领导对员工主动变革行为的影响时，由于研究条件的限制采用了横截面的设计，而横截面的数据可能无法准确得出变量间的动态因果关系，未来应使用多时点纵向研究法以提高研究结论的说服力。本研究涉及的变量数据均来源于员工的自我汇报，虽然单因子检验法表明同源方差并不严重，但未来应结合自评和他评的方式收集数据，以降低可能存在的同源方差，提升研究质量。本研究只关注了个体层面员工感知的服务型领导风格对员工主动变革行为的影响，未来可进一步验证团队层面服务型领导对主动变革行为的跨层次影响。另外，本书中对于包容型领导的研究层次位于个体层面，然而个体层次的结论，特别是领导力的研究不能自动转化为团队或组织层面的结论。未来研究可以构建跨层次的包容型领导或包容性氛围—主动变革行为模型。本研究中尚未涉及伦理型领导、变革型领导等其他领导类型，今后的研究可加以完善。本研究基于自我决定理论和社会信息加工理论探讨了包容型领导对员工主动变革行为的多重中介机制，虽然探明了心理安全感和工作繁荣在主动变革行为中的完全中介作用，然而，并未探讨包容型领导对员工的主动变革行为发生作用的边界条件，有待在今后中继续深入研究。

参考文献

边燕杰，丘海雄，2000. 企业的社会资本及其功效 [J]. 中国社会科学，（2）：87-99.

蔡秀玲，余熙，2016. 德日工匠精神形成的制度基础及其启示 [J]. 亚太经济，（5），99-105.

陈诚，文鹏，舒晓兵，2015. 多水平导师指导行为对员工结果的影响机制 [J]. 心理科学进展，23（4）：554-561.

陈春花，2004. 高成长企业的组织与文化创新 [M]. 北京：中信出版社．

陈晓萍，徐淑英，樊景立，2012. 组织与管理研究的实证方法 [M]．2版．北京：北京大学出版社．

方阳春，陈超颖，2018. 包容型人才开发模式对员工工匠精神的影响 [J]. 科研管理，（3）：154-160.

韩翼，周洁，孙习习，等，2013. 师徒关系结构、作用机制及其效应 [J]. 管理评论，25（7）：54-66.

韩翼，周空，刘文兴，等，2016. 员工特征与师傅动机的匹配对工作繁荣的作用机制研究 [J]. 武汉理工大学学报（社会科学版），（5）：903-911.

胡海波,吴照云,2015.基于君子文化的中国式管理模式:德胜洋楼的案例研究[J].当代财经,(4):66-75.

贾良定,尤树洋,刘德鹏,等,2015.构建中国管理学理论自信之路——从个体、团队到学术社区的跨层次对话过程理论[J].管理世界,(1):99-117.

李燕萍,侯烜方,2012.新生代员工工作价值观结构及其对工作行为的影响机理[J].经济管理,(5):77-86.

李原,2006.企业员工的心理契约[M].上海:复旦大学出版社.

刘祯,2012.通过个人—组织契合减少员工反生产行为——德胜洋楼的成功事例[J].管理学家(学术版),(12):24-37.

孟源北,陈小娟,2016.工匠精神的内涵与协同培育机制构建[J].职教论坛,(27):16-20.

王盛,石建伟,周萍,2014.雇佣关系中员工心理契约的形成研究及其管理启示[J].华东师范大学学报(哲学社会科学版),(6):139-153.

叶美兰,陈桂香,2016.工匠精神的当代价值意蕴及其实现路径的选择[J].高教探索,(10):27-31.

张正堂,2008.企业导师制研究探析[J].外国经济与管理,(5):35-41.

章凯,李朋波,罗文豪,等,2014.组织—员工目标融合的策略——基于海尔自主经营体管理的案例研究[J].管理世界,(4):124-145.

周石,2009.80后员工"职业观"分析[J].管理世界,(4):184-185.

周小虎,刘冰洁,吴雪娜,等,2009.员工导师网络对员工职业生涯成功的影响研究[J].管理学报,(11):1486-1491.

朱苏丽,龙立荣,贺伟,等,2015.超越工具性交换:中国企业员工—组织类亲情交换关系的理论建构与实证研究[J].管理世界,(11):119-134.

曾颢，赵曙明，2017a. 工匠精神的企业行为与省际实践 [J]. 改革，（4）：125-136.

曾颢，赵曙明，2017b. 企业师徒制中介机制理论视角的述评与未来展望 [J]. 经济与管理研究，（12）：130-140.

BOEKHORST，2015. The role of authentic leadership in fostering workplace inclusion：a social information processing perspective [J]. Human Resource Management，（2）：241-264.

BOZIONELOS，WANG，2007. An investigation on the attitudes of Chinese workers towards individually based performance-related reward systems [J]. International Journal of Human Resource Management，18（2）：284-302.

CARMELI，GELBARD，REITER-PALMON，2013. Leadership，creative problem-solving capacity，and creative performance：the importance of knowledge sharing [J]. Human Resource Management，（1）：95-121.

CARMELI，REITER-PALMON，ZIV，2010. Inclusive leadership and employee involvement in creative tasks in the workplace：the mediating role of psychological safety [J]. Creativity Research Journal，（3）：250-260.

CHAO，WALZ，GARDNER，1992.Formal and informal mentorships：a comparison on mentoring functions and contrast with nonmentored counterparts [J]. Personnel Psychology，（58）：619-636.

CHEN，TSUI，FARH，2011.Loyalty to supervisor vs. organizational commitment：relationships to employee performance in China [J]. Journal of Occupational & Organizational Psychology，（3）：339-356.

DAN，LORINKOVA，DYNE，2013. Employees' social context and change-oriented citizenship：a meta-analysis of leader，coworker，and organizational influences [J]. Group &

Organization Management, 38（3）: 291-333.

EBY, ALLEN, HOFFMAN, et al, 2013. An interdisciplinary meta-analysis of the potential antecedents, correlates, and consequences of protégé perceptions of mentoring [J]. Psychological Bulletin, （2）: 441-476.

ENSHER, THOMAS, MURPHY, 2001. Comparison of traditional, step-ahead, and peer mentoring on protégés' support, satisfaction, and perceptions of career success : a social exchange perspective [J]. Journal of Business & Psychology, （3）: 419-438.

FEENEY, BOZEMAN, 2008. Mentoring and network ties [J]. Human Relations, （12）: 1651-1676.

FREDRICKSON, 2001.The role of positive emotions in positive psychology : the broaden-and-build theory of positive emotions [J].American Psychologist, （3）: 218-226.

GONG, HUANG, FARH, 2009. Employee learning orientation, transformational leadership, and employee creativity : the mediating role of employee creative self-efficacy [J]. Academy of Management Journal, （4）: 765-778.

GREEN, JACKSON, 2014. Mentoring : some cautionary notes for the nursing profession [J]. Contemporary Nurse, 47（1-2）: 79-87.

HIGGINS, KRAM, 2001. Reconceptualizing mentoring at work : a developmental network perspective [J]. Academy of Management Review, 26（2）: 264-288.

HIRAK, PENG, CARMELI, et al, 2012. Linking leader inclusiveness to work unit performance : the importance of psychological safety and learning from failures [J]. Leadership Quarterly, （1）: 107-117.

HOBFOLL, 2001. The influence of culture, community, and the nested-self in the stress process :

advancing conservation of resources theory [J]. Applied Psychology, 50（3）: 337-421.

JAISWAL, DHAR, 2015. Transformational leadership, innovation climate, creative self-efficacy and employee creativity : a multilevel study [J]. International Journal of Hospitality Management, (51): 30-41.

KALBFLEISCH, DAVIES, 1991. Minorities and mentoring : managing the multicultural institution [J]. Communication Education, 40（3）: 266-271.

KARK, CARMELI, 2010. Alive and creating : the mediating role of vitality and aliveness in the relationship between psychological safety and creative work involvement [J]. Journal of Organizational Behavior, (6): 785-804.

KRAM, 1980. Mentoring processes at work: developmental relationships in managerial careers [J]. Ecology & Evolution, 4（20）: 1960-1961.

KRAM, 1983. Phases of the mentor relationship [J]. Academy of Management Journal, 26（4）: 608-625.

KRAM, ISABELLA, 1985. Mentoring alternatives : the role of peer relationships in career development. [J]. Academy of Management Journal, 28（1）: 110-132.

KWAN, MAO, ZHANG, 2010. The impact of role modeling on protégés' personal learning and work-to-family enrichment [J]. Journal of Vocational Behavior, 77（2）: 313-322.

LANKAU, SCANDURA, 2002. An investigation of personal learning in mentoring relationships : content, antecedents, and consequences [J]. Academy of Management Journal, 45（4）: 779-790.

LI, CHIAHURU, KIRKMAN, et al, 2013. Spotlight on the followers : an examination of moderators of relationships between transformational leadership and subordinates' citizenship and taking charge [J]. Personnel Psychology, (1): 225-260.

LI, FURST-HOLLOWAY, GALES, et al, 2017. Not all transformational leadership behaviors are equal: the impact of followers' identification with leader and modernity on taking charge [J]. Journal of Leadership & Organizational Studies, (3): 318-334.

LI, HE, KAI, et al, 2015. When and why empowering leadership increases followers' taking charge: a multilevel examination in China [J]. Asia Pacific Journal of Management, (3): 645-670.

LOVE, DUSTIN, 2014. An investigation of coworker relationships and psychological collectivism on employee propensity to take charge [J]. The International Journal of Human Resource Management, (9): 1208-1226.

MAO, KWAN, CHIU, et al, 2016. The impact of mentorship quality on mentors' personal learning and work–family interface [J]. Asia Pacific Journal of Human Resources, 54 (1): 79-97.

MARQUIS, TILCSIK, 2013. Imprinting: toward a multilevel theory [J]. Academy of Management Annals, 7 (1): 195-245.

NIESSEN, MADER, STRIDE, et al, 2017. Thriving when exhausted: the role of perceived transformational leadership [J]. Journal of Vocational Behavior, (103): 41-51.

NISHII, MAYER, 2009. Do inclusive leaders help to reduce turnover in diverse groups? The moderating role of leader-member exchange in the diversity to turnover relationship [J]. Journal of Applied Psychology, (6): 1412-26.

PARKER, BINDL, STRAUSS, 2010. Making things happen: a model of proactive motivation [J]. Journal of Management, (4): 827-856.

PARKER, COLLINS, 2010. Taking stock: integrating and differentiating multiple proactive behaviors [J]. Journal of Management, (3): 633-662.

PORATH, SPREITZER, GIBSON, et al., 2012. Thriving at work: toward its measurement, construct validation, and theoretical refinement [J]. Journal of Organizational Behavior, (2): 250-275.

RAGINS, 2016. From the ordinary to the extraordinary: high-quality mentoring relationships at work [J]. Organizational Dynamics, 45 (3): 228-244.

RAGINS, COTTON, 1999. Mentor functions and outcomes: a comparison of men and women in formal and informal mentoring relationships [J]. Journal of Applied Psychology, 84 (4): 529.

ROUSSEAU, 1990. New hire perceptions of their own and their employer's obligations: a study of psychological contracts [J]. Journal of Organizational Behavior, 11 (5): 389-400.

SCANDURA, 1992. Mentorship and career mobility: an empirical investigation [J]. Journal of Organizational Behavior, 13 (2): 169-174.

SEIBERT, KRAIMER, LIDEN, 2001. A social capital theory of career success [J]. Academy of Management Journal, 44 (2): 219-237.

SPREITZER, PORATH, GIBSON, 2012. Toward human sustainability: how to enable more thriving at work [J]. Organizational Dynamics, (2): 155-162.

SPREITZER, SUTCLIFF, DUTTON, et al, 2015. A socially embedded model of thriving at work [J]. Organization Science, (5): 537-549.

TANG, JIANG, CHEN, et al, 2015. Inclusion and inclusion management in the Chinese context: an exploratory study [J]. International Journal of Human Resource Management, (6):

856-874.

WALLACE, 2001. The benefits of mentoring for female lawyers. [J]. Journal of Vocational Behavior, 58（3）: 366-391.

WALLACE, BUTTS, JOHNSON, et al, 2016. A multilevel model of employee innovation: understanding the effects of regulatory focus, thriving, and employee involvement climate [J]. Journal of Management,（4）: 982-1004.

WANBERG, WELSH, HEZLETT, 2003. Mentoring research: a review and dynamic process model [J]. Research in Personnel & Human Resources Management, 22（03）: 39-124.

附录1 德胜洋楼公司网站相关信息

类别	文本数	示例	栏目来源
员工随笔	42	德胜，二十年来的贡献（系列文章） 读《匠人精神》有感（系列文章） 养活教育（系列文章） 我是这样阅读《工匠精神》的（系列文章） 平民生活教育（系列文章）	灯下漫笔、其他信息
访客随想	25	吴旭东：再谈德胜的文化管理 黄元胜：拜访德胜所得 德胜创始人聂圣哲的人格魅力	公司动态
领导者哲思	18	聂圣哲：工匠精神需要什么样的教育体系？ 聂圣哲："养活教育"伤透脑筋 聂圣哲：捷径是最大的弯路（未删节版） 聂圣哲：我们为什么能把木工学校办好？ 聂圣哲：工匠精神需要这样的文化·弟兄情深	其他信息、公司动态
新闻报道、网络报刊	20	已经颁发12年的"匠士学位"，竟然这么牛，你听说过吗？ 传承工匠精神，升级中国制造需要先培育"大国巧匠" 捧回国际技术奖，中国一星匠士的N多第一次 "工匠精神"所具备的四条价值观	公司动态
会议纪实	6	你们取得的每一个进步，都是我们的自豪！——记聂圣哲先生为2017秋季典礼致辞 匠心社：2017届匠士毕业了——聂圣哲先生养活教育思想的又一批受益者	公司动态、其他信息
他方评论	8	德胜洋楼的"君子之道" 张友琴：文化管理的力量 德胜洋楼让员工"以厂为家"的秘诀 有一种学位，叫匠士 从德胜制造看：人力资源如何助力制造企业修炼工匠精神	公司动态、其他信息

资料来源：根据德胜（苏州）洋楼官网信息整理。

附录2　德胜洋楼公司大事件

时间	事件
1998年	2月，被美国住宅协会吸纳为海外会员，成为中国境内唯一一家进入此协会的企业
2003年	9月，江苏省科技厅批准为江苏省高新技术企业 10月，顺利通过了ISO9001：2000质量管理体系和ISO14001：1996环境管理体系的认证 10月，经安徽省教育部门批准，由德胜公司捐资创办的德胜—鲁班（休宁）木工学校正式开学
2004年	3月，被苏州工业园区评选为"环保先进企业" 4月，同济大学德胜住宅研究院成立
2005年	7月，上海美林别墅（108栋）项目获"2004中国十大特色别墅金奖"称号——经典示范卓越楼盘 11月，获得"中国生态建筑奖（节能环保技术领先施工企业）"，系全国唯一获得该荣誉的施工企业 12月，《德胜员工守则》面向全国正式发行
2006年	1月，"TECSUN德胜洋楼"被江苏省工商行政管理局认定为江苏省著名商标 9月，北京波特兰花园项目喜获"城市首席绿色建筑开发项目"奖
2008年	3月，顺利通过了由国际著名的认证组织南非SGS公司的FSC/COC森林产品监管链认证
2011年	5月，"住宅人性化的现代科技支撑学术报告会暨《美制木结构住宅导论》首发式"在中国科学院学术会堂成功举行
2012年	8月，在中国木结构企业发展论坛暨优秀企业和优秀工程项目表彰大会上，获得了中国建筑学会木结构专业委员会企业发展部"优秀企业"荣誉称号 12月，在江西举行的第九届中国策划师年会上，"TECSUN德胜洋楼"获得了中国创意品牌奖

师带徒——工匠精神的内涵与培育

续表

时间	事件
2013年	8月，在中国建筑学会木结构专业委员会第三次理事会上，获得了中国建筑学会木结构专业委员会"优秀企业"荣誉称号，建造的"香槐公馆"项目荣获优秀项目荣誉称号 11月，在《商业评论》举办的第七届管理行动奖颁奖典礼暨管理创新高峰论坛活动中，荣获管理行动奖
2014年	6月，通过了职业健康安全（OHSAS 18001：2007）管理体系认证 8月，喜获由中国木材保护工业协会木结构绿色产业分会组织举办的中国木结构行业"2014中国好木屋"荣誉称号。成为中国木材保护工业协会木结构绿色产业分会执行理事长单位 12月，为连续工作满10年、通过各项评审合格的员工颁发《终身职工证书》
2015年	8月，喜获"2015中国好木屋"木结构建筑十大影响力品牌企业荣誉称号，承建的"山东济宁波特兰小镇"项目荣获"2015中国好木屋"木结构建筑工程示范项目 12月，"TECSUN 德胜洋楼"商标喜获中国驰名商标，这是中国商标领域的最高荣誉
2016年	3月，德胜公司新员工徐长军匠士在尼泊尔首都加德满都参加了"2016国际青年家具制作大奖赛"，荣获"2016·国际青年家具制作大奖赛"评委会授予的技能（technique）大奖 4月，成立匠心社 8月，"第二届中国德胜管理高峰论坛——工匠精神，大道匠心，开启中国精造时代"大会在苏州隆重举行 12月，在昆明举办的"第五届1212高峰论坛——巨变时代的创新突围"大会上，聂圣哲先生做了主题为"中国精造和工匠精神"的精彩演讲，并荣获了"善商先锋奖"
2017年	8月，德胜（苏州）洋楼有限公司成立20周年 11月，德胜（苏州）洋楼有限公司喜获苏州工业园区文明单位荣誉称号 12月，国际装配式建筑前沿技术及应用高峰论坛暨第二届"金雨燕"奖颁奖典礼在厦门举行。王中亚先生做了题为"德胜的管理与工匠精神"的演讲

资料来源：根据德胜（苏州）洋楼官网信息整理。